TAIWAN STREET COLLECTION

街仔路
採集誌

看見台式加減美學

無用之用再發現！

孫于甯｜劉上萱

圖・文

無用時代的生活練習

關於「無用」的概念，這幾年在街區生活，經常有機會
進行不同的練習。

首先，要先具備辨識「你的廢物有可能是我的寶物」之
能力，從自己的房間開始，有沒有幾年沒穿的衣服？有
沒有長滿灰塵的杯子？認清自己生活在廢物堆裡，就能
從內而外產生力量。

這股力量會讓你開啟第三隻眼，除了產生「辨識」的能
力之外，還會順便長出「拾取」的敏銳嗅覺，以及「反
省」的自覺。開了天眼後，會慢慢發覺這個荒謬世界其
實很豐盛，什麼都有可能，一邊以減法的態度過生活，
一邊過著愈來愈豐富的人生。

在台南正興街十年，各種演唱會的背板，幾乎都是用
「紙箱」加上「書法」的模組完成，省下超多帆布輸出
的費用，過程又超級自由，甚至慢慢形成街區生產線，
水果店會固定把紙箱收納在一個儲物空間，魚漿店老闆

則不斷精進自己的書法，認真擔任人體輸出機的任務。

最近在長濱開了書店「書粥」，裝潢80％採用廢棄材料，更從鄰居農民愛物惜物的觀念中，發現各種天然的回收技能，連小學生也會用回收物以電鑽自製戰鬥陀螺。所以當我看到《街仔路採集誌》這本書的問世，深深感受到無用時代的來臨。書中採集各種日常生活的無用之用，既幽默又實用，充滿蠻性的生活味，讓人感覺到俯拾即是的快樂。

────── 高耀威 _{長濱「書粥」書店老闆}

齊 聲 推 薦

若藝術是一種可能性的再現，能展現美學的藝術品不必定要在美術館裡，傳統市場與路邊都能看到民眾自發的美學品味。

若設計是人類解決問題的智慧展現，那麼設計精品並不只出現在百貨公司或是無印良品，只要留心，就能在街邊轉角等熟悉空間看到人們的心靈手巧。

《街仔路採集誌》是一本台灣市井裡物質文化的精采記錄與詮釋，作者帶著我們看到屬於常民的藝術美學與設計，也帶我們學習如何觀察自己身邊的空間、物件與行為，並進一步找到打造自己生活美感與便利的可能。

────── 宋世祥 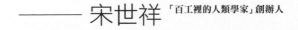「百工裡的人類學家」創辦人

身為資深的「走路分心者」，我也折服於《街仔路採集誌》書中驚人的路上細膩觀察，從民間創意完全可以看出民族韌性啊！更不禁想到老爸的一雙巧手，將所有的不可能化為可能，在他眼中沒有垃圾這回事，所有物件都是有用且永生的。

——— 周育如 水越設計、都市酵母總管

「土產」與「舶來品」不只是產地風土的差異，也包含精神上的落差，外來品牌的附加價值，往往會顛覆「好用」、「好看」或「好吃」的定義。這種感覺隨著時間愈來愈凸顯後，最先在文學藝術上產生撞擊，於是就有反現代秩序、橫生出怪奇脈絡、浮顯於常民生活中的超現實題材。

原生環境本是藝術創作的母體，尤其像台灣為移民社會，習慣於「變動」中取材，拾荒藝術、貧窮劇場的概念自然誕生，於是我們會看到像《街仔路採集誌》的創作型態，也許這就是南島語系下，台灣對於本土美學的二次創作。

——— 黃子欽 設計師

在我心中，並不是去美術館、故宮就叫「有文化」，文化也在街頭巷尾普通人的巧手中體現。

《街仔路採集誌》正告訴我們「無用的大用」如何展現台灣最真的一面。好比說菜市場裡的字體，老闆們沒學過設計軟體，也沒請設計師來做識別，那要怎麼辦？當然是發揮創意囉！有自我風格的創新設計，也有誠意滿分的模仿。

這些雖然稱不上專業的作品，卻是專業人士應該觀察知悉的。特別是當大家都在找尋何謂「台灣」獨有的美學元素時，兩位作者的田野調查應能帶來相當大的貢獻。

———— 蘇煒翔 justfont共同創辦人

為著生活，咱就要來想辦法

你也覺得人生好難、生活從來都不容易嗎？

但另一方面又認為生活就是這樣，沒什麼好過不去，有一種不知從何而來的樂觀，就算人生再「鳥」，只要用心去看，換個角度去理解，都有它的意義。

至少，我們是這樣的。

我們，于甯和上萱，不同父不同母，只是在大學美術系認識而變成姐妹花的死黨。畢業後，我們各自投入藝術、影像創作與產品開發、設計等工作，十年過去，我們除了依舊聊著生活、家庭、感情、八卦，也聊工作中的something wrong和對未來的想法。聊著聊著，終於在2017年，我們跟天公借憨膽，辭去工作，帶著浪漫及各自在產業中的觀察與養分，一起組成「mamaisun 慢慢説」這個團隊。

開始一切都很混沌，甚至帶著天真，什麼樣的團隊會以

「你的理想生活是什麼？」為第一個命題？但我們就是
這樣開始的。

2018年，我們啟動了「無用選品店」計畫，這是一個
以「店」為概念的展覽，在這個計畫裡，我們將生活中
「對人事物的觀察」與「無用之物再開發」兩個概念結
合，製成產品，希望和大眾討論這些物件背後的價值。

這樣的專案作品，常被簡化為「廢物改造」，但這個概
念其實來自我們對身邊家人的觀察，特別是上萱的媽媽
及于甯的阿嬤，我們發現上個世代的「惜物」精神，深
深影響了我們的價值觀。

在照顧一家大小的忙碌日常之餘，她們不知道是從哪裡
騰出時間、氣力，將家裡的生活大小物進行改造修補。
有時候看了會覺得：「可以了吧！放過這個盒子，它已
經盡力了。」但有時候又覺得：「怎麼會有人這麼可
愛、這麼珍惜、這麼願意花時間在這樣的事情上？」

仔細想想，把一個對別人而言無用的東西，變成有用的物品，這很是浪漫。雖然抽象，但這番心意是理想生活裡很重要的一個節點。

從這個節點出發，我們不斷觀察，發現街頭上的許多店家也有這樣靈巧有趣的智慧，他們將生活裡俯拾即是、便利取得的「無用之物」，改造為更順手好用的「道具」，這般「產品思維」在我們看來相當有意思。不論是設計原理或使用材料，都有其巧思與實用性考量，更與設計者的個性和生活息息相關，相當耐人尋味。

於是，我們展開另一個名字有點類似的「無用便利店」計畫，擴大了觀察範圍，睜大雙眼，啟動「無用便利」雷達，騎機車、搭捷運、轉公車、鍛鍊小腿肌瘋狂步行，逛遍台北15個行政區，40個市場，穿梭在數不清的巷弄中發掘這些「產品」並訪問那些「設計者」。透過線上概念店的方式，將這些富含文化底蘊的生存智慧記錄下來。

而這本書正是延續著這個計畫而來,當我們踏出舒適圈,有意識地觀察身邊的生活環境,會發現它是最熟悉的陌生人,好像熟識,卻又有好多有趣的地方從來沒發覺。街市上的人、事、物相互交織為有故事的道具、空間、文化,也成了值得我們為它停駐的街頭風景。

2020年,我們重新步上街頭,採集更多故事,更完整呈現這兩年來我們在街市上的觀察,讓還躺在資料夾中那些有趣的蒐集與故事有機會以紙本的方式留存,與更多人分享。

走了兩年街市,看著這些因著「生活」迸發,相當有意思的創意,我們更加確信 —— 人生很難,但為著生活,咱就要來想辦法。從願意花時間氣力、有意識地生活開始,換個角度看,仔細去觀察,平凡的街頭一角,都有風景。

街仔路
採集誌
無用之用再發現！看見台式加減美學

目錄

Part1 街市的道具 ²²

我們的路上觀察學

每天睜開眼睛，你會看見什麼？

一個放在路邊，用交通錐加鋼盆做成的造型菸灰缸；一個斷了腿仍盡忠職守的拒馬；一間從上掛到下，善用每寸空間的店鋪；一個用手寫得歪歪扭扭，誰也模仿不出來的特色招牌……

我們意識到，這些風景占了我們生活很大一部分。在家裡會看到，去買菜會看到，吃滷肉飯會看到，甚至上個廁所也會看到。誰做的？為什麼他們選擇這樣做？是什麼樣的生活背景、生命積累、天賦或觀察，才讓他們想到這些使用日常物件的方式？

於是，就從這裡開始了我們的路上觀察。穿梭街市，睜大眼睛看，發現目標物後，左顧右盼地尋找說話的時機，等待攤販店家做生意的空檔，趕緊湊上去，從一個「道具」開始，用一連串問題「轟炸」老闆。

但事情總不會那麼順利，往往都是伴著剁肉的刀聲、飛濺的魚鱗片，夾雜著顧客「老闆這個怎麼賣？」的詢問，撕扯著喉嚨才能完成。而一開始面對陌生人，不善言詞的我們也會冷汗直流，有時候阿姨一個很殺的眼神，阿伯一句「袂衝啥？」，心中便不由自主地倒退三步。但，上還是鼓起勇氣，給他問下去就對了！

就這樣厚著臉皮，盡可能找出這些道具的「創作者」，有時候十分鐘，有時候花上一小時，一問一答間，我們有了一篇篇「濃縮」的故事。「濃」是人們會把好的、甘醇的、印象濃烈的部分說出來，而「縮」掉的、難以啟齒的苦味，則僅僅是輕描淡寫。

每個人都用他們自己想說的方式和我們聊，聊小孩、聊生活、聊選擇和人生不同階段的轉彎，而當我們在一旁等待時，就開始觀察夫妻倆如何分工、父子拍檔怎麼與客人互動、一人店家如何完成今日任務，這些不經意表露出來的默契，自然顯現出來的積累，遠比他們告訴我

們的還多。

慢慢地，我們從採集各式日常用品擴展到街邊店的陳列
方法與招牌的觀察。在多數人看來，可能會很直覺地
想説：「啊不就廢物利用、開源節流？幹嘛要大費周章
的討論與記錄？」但在我們眼中，這些花心力改造的道
具、拼湊疊加的陳列方式、手工繪寫的招牌與文字，不
單單只有「省錢」的面向，而是有時代脈絡形成的惜物
價值觀，有經年累月誰也拿不走的生存本事，有對抗主
流世界的執著，有以詼諧幽默為生活調味的智慧，有用
時間和生命換來的淡然，還有更多的是一輩子為家庭付
出的愛。

在街市蒐集的過程，就像未添加效果的實境秀，我們兩
隻小白兔花了一點時間和勇氣殺進街市叢林裡，和叔伯
姨婆們面對面「交陪」，從表情、語氣、眼神和抽動的
嘴邊肉去感受、體會每天張開眼睛就看見的這些事物。
或許不見得美，有點歪，有點不正經，甚至有點生猛現

實，但這些都是你我每天在面對著的生活啊！

我們的路上觀察學，是試著從街市上的道具、使用材質、解決問題的辦法，去了解街市裡每個平凡小人物的不凡之處，這些都是在背後滋養我們的養分，只要用心去創造、去觀看，平凡到不能再平凡的生活，也有值得細細觀看，慢慢感受的價值。

街市的道具

Part 1

開源節流，六大心法

你是不是也很好奇，街上會出現什麼樣的道具呢？

漏斗拿來當燈罩？用掉落的床板加工成傘架？鋼盆加交通錐也能變身菸灰缸？只要稍加留意，總能在街市一角發現這些有點熟悉又不太一樣的生活用品。

這些都是街市上生活的人們，為自己打造的專屬用具，可能是現成物的想像再運用、廢棄物加工改造，或是結合隨手可得的「素材」製作而成。或許它們並非日式極簡美，也沒國外二手古物的萬種風情，但這些依著自己生活經驗，順著自己使用的便利設計邏輯，使出天外飛來一筆的創意，再隨手添加一點點個人風格，所「生」出來的道具，在我們看來非常有意思。

經過兩年的蒐集，我們發現這些現身在街市上的道具，加加減減都有這幾種特質。

最直覺的，莫過於「壞了修一修繼續用」。好比腳斷掉就拿奶粉罐加固的拒馬，不願意輕言放棄的態度，能用則用，堪用也好用。

「A用完變成B來用」，就像喝完水的寶特瓶，可以切開改裝成名片架；不要的飲料罐，居然也可以變成腳踏車的傘架？這等創作魂，根本有如小精靈現身啊！

24

「隨手拿來都好用」也是一招，早餐店的劃單筆不夠長，又常常不見，綁上竹筷，用橡皮筋繩綁在一端固定，隨手加工，三兩下就解決問題。

有些東西，你就是「沒想到可以這樣用」。穿舊的球鞋，你有想過把它拿來種花嗎？

還有些東西，更是「這樣那樣都能用」。膠帶可以封箱，更可以當作水果陳列架。盛裝用的鍋碗瓢盆，倒過來就成了燈罩。只怕你不想，不怕你用不到，觸角開很大，視野更開闊。

最後，「還是自己做最實用」，省錢又省力（省去與別人溝通的力氣），自己花心思，小吃店的傘架、水果攤的壁掛刀架，就是這麼來的。

這開源節流的「六大心法」不是一套速成的公式，人世間的斷捨離，不是丟丟東西就能練習與解決，如果有機會知道為什麼「留」，更可以有意識地「惜」。當我們走進街市，重新看見這些親自動腦筋、花時間、用氣力、用創意生成的「道具」，去理解背後的來龍去脈後，這些看來拼拼湊湊的日常用品，都成了我們心中的夢幻逸品，每個都有它獨一無二的故事。

加減坐編織椅

類型
椅子

使用材料
披薩外盒綁繩、
生日蛋糕外盒綁繩、
鐵椅腳

尺寸
29 cm x 33cm x 47cm

設計者
楊奶奶

發現地點
台北市中正區，
東門市場內的東門彈子房冰店

「加減坐編織椅」是楊奶奶運用pizza盒、生日蛋糕外盒等各式包裝綁繩，在閒暇之餘，上上下下、加加減減，手工編織而成的，飽含地方媽媽退而不休的心意。編織椅面堅固有韌性，如同媽媽溫暖堅韌的雙手，加減承接屁屁的壓力。

東門彈子房門口一隅。

我們在東門市場裡發現這張椅子。

這張「手感濃厚」的椅子，放在裝潢得有模有樣、有點小清新味道的冰淇淋店門口，格外有意思。我們向老闆詢問這張椅子的由來，老闆右手一指，原來這張「加減坐編織椅」正是隔壁攤那位手腳俐落、正在包著水餃的楊奶奶做的，其實她也是冰店老闆的媽媽。

超過七十歲的楊奶奶，在東門市場走跳數十年，從賣三槍牌內衣、拖鞋的雜貨店「東門彈子房」開始，邊在隔壁水餃店兼差包水餃，一路走來身兼數職，顧先生也顧小孩，現在兒子大了，便將原來的雜貨店讓給兒子開冰店。楊奶奶在與冰店最短距離的水餃攤繼續一邊包水餃，一邊關照「東門彈子房」冰店。

我們問楊奶奶想要退休嗎？她回：「只要能做，就加減做，一退休頭腦就壞掉了，在這邊還可以跟大家嘻嘻哈哈，兒子去外送，還可以順便幫他顧店。」

「加減坐編織椅」就像楊奶奶勤儉持家價值觀的外在呈現，還可以坐，就加減坐。椅子藤面破了、壞了，就拿起每次慶生吃蛋糕，或是聚會時吃pizza的外包裝繩，上上下下編織修復，可愛的不只是獨一無二的花色，還有自然流露的母子情誼。

離開前，老闆左手一指：「舊招牌還留著喔，你們去看！」在市場狹窄巷弄外，「東門彈子房」的手寫舊招牌高掛著，靜靜地看顧楊奶奶一家。

加減坐，
也加減做。

水果標籤椅

類型
椅子

使用材料
木頭兒童椅、木板、各式水果貼

尺寸
43cm x 23cm x 39cm

設計者
劉阿伯

發現地點
台北市萬華區，
第一果菜批發市場

「水果標籤椅」的基座由坐墊壞掉的兒童椅加上一塊大人屁股尺寸的木板構成，其上布滿的水果標籤貼，代表著劉阿伯的細心與良心。木質椅身堅固耐用，大面積椅墊坐起來更舒適，層次堆疊的彩色標籤貼活潑可愛，良心加持世界唯一。

這張小椅凳，是在萬華第一果菜市場裡的東利水果攤發現的。

　　還記得第一次踏進市場時，忍不住發出Woo的一聲，「是不是走錯棚了？這是動次、動次的那種夜店嗎？」我們笑鬧著說。

　　一列一列的水果攤，上頭架著五光十色的螢光燈管，如果這裡是「水果夜總會」，大概屬於豪邁狂放的旗艦店等級。各家攤位都為自家水果們打上有加分效果的燈光：芭樂先生正在專屬自己的青綠色舞池打滾，葡萄妹仔們正和膚色黝黑的百香果大叔在藍色吧台裡調情，蘋果小姐正坐在螢光粉紅包廂內等著客人上門……而我們就像誤闖大人世界的國中生，傻傻看著水果們在炫目的燈光下爭奇鬥豔，哪一個比較甜，哪一個穿得比較少，看久有點眼睛花花，深陷燈紅酒綠的誘惑中，久久無法自己。

五光十色，有點奇幻的萬華第一果菜市場。

買水果，不送貼紙喔！

　　在這生猛妖嬌的環境裡，這張密密麻麻、布滿水果標籤貼紙的「水果標籤椅」，更顯得誠懇清新。

　　設計師劉阿伯是一位稱職的頭家兼「QC」（品質管控的意思），從他開始做水果買賣生意，便養成一個習慣——將水果上的標籤貼紙撕下，挪貼至椅子上。逐顆檢查水果，確保貼紙下沒有蟲洞、沒有軟爛，是每日上工的SOP。

　　椅子上的每張貼紙都是日日品管的最佳保證，三十年的積累，千張貼紙的疊貼，是時間的厚度，亦是劉阿伯投注大半輩子的誠意與心意。

　　除了「水果標籤椅」，劉阿伯的產品介紹牌也寫得格外用心，一筆一畫寫出獨樹一格的特色字體，細心安排構圖與配色，儼然是我們心中的偶像級人物。

　　我們造訪了幾次，都在攤位逗留許久，東問西問，這是誰寫的，那是誰畫的，這是誰想的。第一個回答的總不是坐在攤位一角、靦腆斯文的劉阿伯，反而是有著

靦腆但很有才的劉阿伯本人,與
水果標籤椅。

一雙彎彎眼睛、笑咪咪的阿姨。「椅子是他做的,他也
很會寫字,還會放風箏!」說到風箏,劉阿伯的話變多
了,拿起手機和我們分享,四隻風箏在藍天中舞動,老
花眼鏡下,劉阿伯眼閃睛耀著光芒。

　　總和我們一搭一唱的阿姨則在一旁說:「他很厲害
啦,什麼都會。」

　　最後,劉阿伯送我們一人一個百香果和口傳的特調祕
笈。一顆百香果加上一瓶多多,就是名符其實「百香果
多多」,很有東利水果攤真心不騙的style,酸V酸V好
喝喔!

黃星星打包椅凳

類型
椅子

使用材料
打包帶軸心、黃色PP*打包帶
（PP，又稱聚丙烯）

尺寸
38cm x 23cm（大）；
19cm x 23cm（小）

發現地點
台北市大同區，承德路一段巷弄

以剩餘打包帶和用畢的軸心所製成的「黃星星打包椅凳」，採放射狀米字星固定法，強度高，彈性好。小尺寸適合低坐分裝貨物，大尺寸伴人休息片刻，聊天、打屁、抽菸、喝茶，高度全都嘟嘟好。

在民宅門口，幾張高
低錯落的椅凳。

　　這椅凳是在台北承德路一段的巷弄裡發現的。一間以
民宅作為基地的公司門口，擺了這樣幾張以打包帶和用
畢剩下的軸心所製成的椅凳，因為採放射狀米字星的方
式編織固定，我們決定叫它「黃星星打包椅凳」。

　　可坐、可踩，可視需求疊高的椅凳，是低坐分裝貨物
的好幫手，也是墊高補取貨品的好夥伴，更是每日辛苦
打拚中休息片刻、聊天打屁、抽菸喘息時的好朋友。

　　我們覺得這張椅凳很有趣，於是問了門口正在抽菸的
大哥，用打包帶做椅凳是誰想到的點子。他只回答：
「這本來就可以這樣用啊，哪用想？」

　　這樣的回答，在我們看來，就像每個人都會隨手一筆
畫星星那樣，善用手邊的裝備，加上信手拈來的靈光，
就能將廢料巧妙變身，還很萬能。或許背後的創作想法
就像阿伯回答的這般簡單，但諸如此類的巧思再再反映
出台灣中小企業、小攤販的求生本能，像果凍般「古
溜」Q彈的特質，可以說身段靈活得不得了。

質感木製傘架

類型
傘架

使用材料
掉落的IKEA床板、螺絲

尺寸
5.5cm x 90cm

設計者
鄭阿姨

發現地點
台北市大同區,永昌街旁的石鍋小館

「質感木製傘架」以家中掉落的床板鎖上螺絲製成,設置於店面櫃檯的出入口,長傘、折疊傘皆可吊掛,實用、美觀、省空間,三管齊下,絕不妥協。

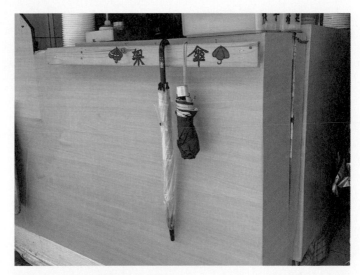
窄窄的店頭，更要善用每一寸空間。

「質感木製傘架」是由經營「石鍋小館」小吃店的鄭阿姨設計製作。鄭阿姨的店鋪位於大稻埕永樂市場周邊，坪數雖小，卻是寸土寸金。能否妥善利用空間，成了開店的必備職能。

「很多有創意的點子，都是在生活最不方便的時候，才會被開發出來。」鄭阿姨說：「我們的店小小的，所以我都會去想怎樣可以更有效利用這個空間。『想』很花時間，因為要把困擾一一列出來，並把所有可能會產生的問題先排除，再來動手『做』，就很快了。

「傘架的問題困擾我很——久——。看遍了市面上所有的傘架，就是找不到一個適合我們的店。一般傘桶占空間，擺在哪裡都不對，那我幹嘛要買它造成自己的

生活不方便，點子容易現！

麻煩？所以我一邊煮麵，一邊慢慢想，直到有一天家裡的床板掉下來，我靈機一動，想到可以把它鎖在我們入口櫃檯前面當作傘架。板子與櫃檯之間留一點空隙，長的傘可以直接掛，上面這個小螺絲，就可以掛摺疊傘，再給它畫上一個很Q的雨傘，這樣客人都知道傘要放這邊，不會占空間，晴天也不用花力氣收納，木頭做的又很有質感，多適合我們店啊！」

我們和鄭阿姨聊著原生家庭、婚姻、小孩、創業、退休生活等，才知道阿姨的人生一路走來其實很辛苦，因為家裡經濟環境的關係，不敢選擇自己有興趣的設計科系，也曾經歷一段不成功的婚姻，過得很壓抑。

但現在的鄭阿姨把自己的心情、狀態都調適得很好，自在地和女兒一起經營著這家小小的店面，每天把自己打理得乾淨漂亮，化好妝才來煮麵。面對生活中的大小

這是一年前的舊版傘架，看得出阿姨用心喔！

難題，想辦法找到適合自己的解方，不妥協、不將就的態度，是她重啟新人生的哲學。

　　「質感木製傘架」只是鄭阿姨實踐質感生活的一小步，在她的人生清單裡，還有許多待辦事項，就從這個小小的店面出發，一步步往自己的理想生活前進。

P.S.每次去找鄭阿姨時，我們會點上一碗招牌鍋燒意麵。這是阿姨創業時特別選用的正港石鍋，可算是鎮店之寶喔！

樂多多自行車傘架

類型
傘架

使用材料
多多罐、白色束袋

尺寸
9cm x 3.5cm

設計者
麗珠阿姨

發現地點
台北赤峰街，上好檳榔攤門口

「樂多多自行車傘架」將大小剛好的多多全脂鮮乳罐身底部挖空，再以白色束帶綁在輪架上，小小一罐，可以收納各式長度的長柄傘。

小小傘架與腳踏車，簡直渾然天成的組合。

　　我們在赤峰街的上好檳榔攤門口發現了這個「樂多多自行車傘架」。設計者麗珠阿姨是位退休的家庭主婦，不論出門採買，或到處趴趴走、串門子，阿姨總以腳踏車代步，在赤峰街、雙連市場的大街小巷穿梭著。

　　某次我們在檳榔攤（我們為什麼會出現在檳榔攤？請見P.63）與來串門子的麗珠阿姨遇個正巧，問她：「你怎麼想到可以這樣做？」

　　麗珠阿姨理所當然地說：「這不是很多人都會這樣用嗎？我看到別人這樣用，我就回家自己來做。」

　　阿姨出門在外總會帶把長柄傘，晴天遮陽，雨天防雨，但對於鐵馬族的她來說，急需解決騎車時長柄傘的收納問題。麗珠阿姨觀察到別人這樣用，於是照貓畫虎，運用自己手邊的材料，將多多全脂鮮乳罐綁在輪架上，就成了專屬的「樂多多自行車傘架」，安心自在地繼續趴趴騎，和姊妹分享人生的晴時多雲偶陣雨，享受歡樂多多的串門子時光。

日字型吊鉤

類型
掛鉤

使用材料
白鐵鐵絲

尺寸
3cm x 9cm

設計者
黃大哥

發現地點
新北市中和區,南勢角市場

「日字型吊鉤」的材質使用不易生鏽又帶有彈性的白鐵鐵絲,拗折成「日」字型,看似迴紋針,中間則為別針的概念設計。輕壓可彈出一角,將袋子串上,再輕壓扣回,直接掛於攤上即可抽取使用。

吊掛在攤位上方，隨
抽隨用，很方便。

　　「日字型吊鉤」由南勢角市場裡專賣蛤仔的頭家黃大
哥所設計。黃大哥的攤位前擺著一盆盆各式品種與等級
的蛤仔，上方則以「日字型吊鉤」掛著不同尺寸的塑膠
袋，一斤、兩斤、三斤，隨手一抽，即可因應客人分裝
需求。

　　「日字型吊鉤」外型簡約卻別出心裁，結合了迴紋針
與別針的概念，看起來相當靈巧。

　　類似這樣的聰明設計，我們只在黃大哥的攤位看到，
讚嘆它做工精細，有產品潛力的同時，還是忍不住好奇
地問黃大哥：「看起來是滿好用的，但這樣不是還要花
時間串上塑膠袋嗎？為什麼不買一捲的就好？」

　　靦腆安靜、氣色紅潤的黃大哥說：「我不服氣啊！你
們知道塑膠袋怎麼賣嗎？有整捲賣的跟裝袋賣的兩種，
買的時候都是秤重算磅數的，所以買整捲等於買塑膠
袋，也買中間的捲軸。那種整捲的是方便啦，但你有沒
有想過中間的捲軸為什麼要用那麼重的材質呢？業者應
該要扣掉或是選擇其它材質啊！

　　「你不要看這樣，小的塑膠袋還好，秤起來沒差多少
錢，大一點、五斤的袋子就差很多了，買一捲差不多四

手工拗折的吊鉤，每個都有一點點不一樣

分之一都是拿去買捲軸，我不想接受這種商業方式，不
想傻傻當『潘仔』，所以我都買整袋裝的塑膠袋，沒有
中心捲軸的那一種，再自己想辦法吊起來就好。串這個
其實很快啦，花不了多少時間，而且串一次就可以用很
久了。」

　　我們很欣賞黃大哥這種「不服氣就自己想辦法」的態
度，雖然他一派輕鬆地告訴我們做這個沒什麼，但在我
們看來，打從選用有彈性的白鐵絲作為材質，就充滿了
無限的可能性。拿到一條細細直直鐵絲，多數人應該是
直覺繞一個圈，或腦袋一片空白。而黃大哥坐在攤位一
角，左拗右折，慢慢玩出這樣靈巧的「日字型吊鉤」，
不由得對黃大哥不輕易妥協的執著感到佩服。

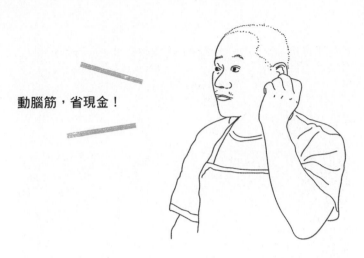

動腦筋，省現金！

　　這小小的吊鉤其實隱藏了街市頭家在江湖闖蕩多年內斂沉穩的觀察力與精明的思緒，物如其人，貌似簡單卻不簡單。

P.S.我們向黃大哥買了一些蛤仔回家，新鮮又大顆，第一次炒就上手！

開朗牌袋掛軸

類型
掛鉤

使用材料
衣架、塑膠袋

尺寸
32cm x 22cm

設計者
陳太太

發現地點
台北市大同區，
雙連市場的無名海產攤

衣架不只能吊掛衣服，「開朗牌袋掛軸」利用衣架鐵絲可拗可折的特點，依自己順手程度，自由變化各式形狀及吊掛高度。掛上塑膠袋捲軸，是台灣傳統市場或街邊小店經常可看見的阿莎力用法。

「開朗牌袋掛軸」由雙連市場內無名海鮮攤的陳太太所設計。陳太太在這個位於防火巷旁約兩坪大的攤位，和老公並肩合作三十餘載。老公負責現殺海鮮，她則顧乾貨、蛤仔、吻仔魚、魚漿類等產品，以及負責包裝和結款。

　　我們拜訪了攤位幾次，在一旁觀察，發現開朗的陳太太總可以一邊與客人閒話家常，一邊用迅雷不及掩耳的速度接手老公處理好的魚，身手敏捷地從「開朗牌袋掛軸」快取塑膠袋，俐落包裝、結帳，有時候還會順便幫客人放進他們的購物袋。

結帳是陳太太在攤位上重要的工作之一。

趁著做生意的空檔，陳太太和我們東南西北地聊，聊小孩、生意，還有經驗，她說：「做久了，就知道客人要什麼。很多事情就是慢慢做、慢慢看、慢慢學，久了就會了，看你有沒有用心去學，其實什麼事情都一樣。

「我們賣海鮮也是啊！怎麼挑、怎麼選都是經驗，新鮮不新鮮，看久了就知道。再怎麼聰明，你沒有經驗也沒有用，一定都是要親身經驗，你才會知道『道理』在哪裡。」

接著話鋒一轉：「像你們來，我也知道你們要什麼，問這個啊！」（手指向袋掛軸。）

「這個沒什麼啦，家裡有（材料），就拿家裡的來用啊，去想怎麼用比較順手，就自己做，比較方便。做生意就是這樣，什麼都要自己想辦法，不輕鬆啦，但最重要的是，開心是一天，不開心也是一天，你說對不對？」每天凌晨兩點從基隆批貨到雙連市場擺攤，一直工作到下午一點，三十年如一日的陳太太，在接近海鮮攤打烊的時刻，還是相當元氣地接過左鄰右舍送來的米粉湯，寒暄、道完感謝後，笑笑地跟我們說著。

街市上這類看似簡單，利用衣架鐵絲可拗可折的特點，變化出各式形狀，並能依順手度自由設定吊掛高度的袋掛軸，在我們看來掛得不只是塑膠袋，而是許多人的一家子、一輩子。

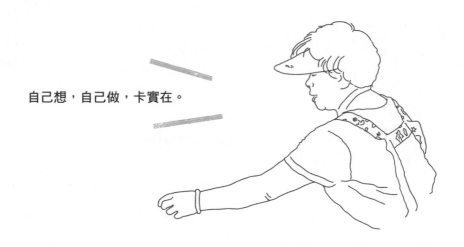

自己想，自己做，卡實在。

P.S.逛街市時免不了順
道買些糧食，這次我們
買了牛蒡天婦羅與花枝
干貝，依著陳太太的建
議乾煎料理，好呷捏！

531塑膠袋軸

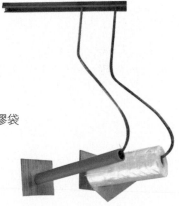

類型
掛鉤

使用材料
螺帽、螺絲條、木板、塑膠袋

尺寸
41cm x 68cm

設計者
阿仁哥

發現地點
台北市大安區，
安東市場的安東蔬果攤

「531塑膠袋軸」運用市場內原有的支架為固定點，鎖上手工拗折螺絲條，精心設計的彎度，抽取時能維持平衡。一體成形的支條，搭配木板與螺帽，可隨時調整，適用於各式袋型，安裝簡單，造型簡約，使用方便。

看起來很堅固的塑膠袋
軸，是老闆阿仁哥自己
設計的喔！

　　我們在台北的安東市場發現這個以螺絲條、螺帽、
木板組合而成。彷彿「Local五金風」的「531塑膠袋
軸」。設計者阿仁哥壯壯的，理個大平頭，戴著金項
鍊，看起來有點距離感，但其實是個很好聊的大哥。

　　阿仁哥告訴我們，他以前是做水電的，轉行賣菜純粹
是因為老婆有天突然想賣菜，剛好那時他跟水電行老闆
吵架，所以乾脆辭職和老婆一起擺攤賣菜。攤位上需要
的東西大如陳列架，小至吊掛架，幾乎是他和哥哥一手
包辦的。

　　「你現在看很多東西都理所當然，但其實很多細節是
要想的，做這個塑膠袋軸的時候，就需要考慮重力與平
衡，才會拗成這樣的形狀。自己會做就自己做，說起來
主要是因為省錢嘛，雖然要花時間，但好處是自己做的

我之前做水電的啦！

很直覺啊，不用費力跟人家溝通，只要老婆說OK，就
可以動手做啦！」阿仁哥邊收著攤位邊和我們說：「如
果我沒認識我老婆，現在可能還在流浪咧！」

我們問阿仁哥做水電跟賣菜哪個辛苦？阿仁哥說：
「都辛苦，賣菜主要是要很早起，凌晨五點開始擺攤，
擺到晚上七點，每天睡不到三小時，做到差點升天，現
在有小孩後中午就收攤回家了。我覺得啊，這種愈底層
的工作愈辛苦，卻愈被別人看不起。不過在菜市場賣菜
最好玩的是可以跟婆婆媽媽聊天，不像在超市只有嗶嗶
嗶，可以聽她們講心事，聊小孩子怎樣、孫子不乖啊，
比較有人情味啦。只是現在生意不好做，我們也做五年
了，想轉行去賣冰。你不覺得現在夏天很長嗎？」

我們驚訝又外行地對阿仁哥說：「賣冰喔，怎麼又轉

搬離安東市場後，
阿仁哥依照新店面
需求再做了一個類
廚房紙巾概念的抽
袋軸。

行轉那麼大？你人生充滿挑戰耶！不過這個市場的確滿
安靜，好像沒什麼人，也沒有攤販會叫賣。」

　阿仁哥說：「拜託幾咧，武市（指戶外傳統市場）才
有在叫賣啦，室內沒人在叫賣的啦，叫給鬼聽喔！」阿
仁哥繼續對外行的我們說：「人生就是這樣，不斷挑戰
再挑戰，你們生過小孩沒？等你生了小孩就知道，這才
是真正的挑戰。」

　安東蔬果攤在5月31號停業了。一年過去，我們再度
去拜訪阿仁哥，這次我們坐在他新開的店裡吃著冰，還
有鍋燒意麵。想不到吧？整間店的規劃幾乎仍是阿仁哥
一手包辦，水電工的功力已完全內化。我們坐在店裡，
看著硬頸的阿仁哥和老婆忙進忙出，齊心奮鬥的模樣，
想跟他說一句：「讚喔！挑戰成功。」

一串心塑膠袋掛軸

類型
掛鉤

使用材料
鐵絲、塑膠袋

尺寸
65cm

設計者
廖大哥

發現地點
台北市松山區，
草埔市場的廖家庄
古味燒雞專賣店

廣告效果一級棒！

「一串心塑膠袋掛軸」以鐵絲拗折成超長S勾形狀，掛在攤位一旁，
剛好符合抽取最佳位置，一整串紅白條紋塑膠袋頭，遠遠就能看到，
讓顧客產生生意很好的心理感受，既實用亦有廣告效果，一舉兩得。

遠遠就能看到高
掛的一串心塑膠
袋掛軸。

　　我們在草埔市場裡發現這個「一串心塑膠袋掛軸」，
遠遠就看到一整串紅白條紋塑膠袋頭掛在攤位一旁，
非常顯眼，走近一問果然不出所料。設計者廖大哥說：
「用完的塑膠袋頭不用卸下，直接往上方滑，客人遠遠
看到這攤用了這麼多袋子，自然會知道這攤生意很好。
當然我們東西是真的好吃啦！」

　　我們在攤位旁和廖大哥聊了許久，才知道原來「廖家
庄古味燒雞專賣店」已是傳承第三代的家族企業，整個
家族的人一起拚，獨門祕方之一就是「新鮮現做」。每
天凌晨兩點，家族成員們會到中央廚房集合，處理完百
來隻的雞肉再分頭到各市場擺攤，「一條龍」的方式，
為的就是讓客人吃到新鮮好滋味。廖大哥同時帶著小孩
在身邊一起幫忙，希望他們學習認真付出、踏實賺錢的
觀念。「要讓他們知道錢是從哪裡來的啊！」他說。

　　從一串塑膠袋聊到家族企業，我們看到廖大哥為家
庭、為小孩設想而取捨，不管是一家人的燒雞攤，還是
既實用又有廣告效果的「一串心塑膠袋掛軸」，都充分
顯示廖大哥敏銳的觀察力。

　　而看著一旁與客人熟練應對的廖小哥，更是覺得不錯
喔，有承襲到爸爸廖大哥待人處事與做生意的慧根。

善存黃金葛植栽

類型
植栽

使用材料
尼龍繩、
善存綜合維他命罐、
黃金葛

尺寸
18cm x 25cm x 4.87cm

設計者
劉阿姨

發現地點
台北市中正區,
東門市場的新東松羊肉攤

好照顧,免操心。

「善存黃金葛植栽」屬暖心類植栽,冬天一個月換一次水,夏天兩週換一次,好照顧,免操心,像劉阿姨的女兒般默默陪伴左右,為她忙碌的生活補充心靈維他命。

「善存黃金葛植栽」默默掛在攤上一角二十餘年。

這株「善存黃金葛植栽」不是因為它多特別，反而是因為它不那麼特別。我們發現它時，它靜靜、高高地掛在一間羊肉攤架上方一角，它的設計者劉阿姨站在攤前，戴著老花眼鏡，仔細挑著今天晚上要煮的葉菜。

這間羊肉攤在台北東門市場已有七、八十年歷史，每次我們前往拜訪，看見攤位總是空空的，忍不住好奇詢問，才了解原來羊肉都在冰箱裡。

「羊肉怕熱，放在外面會黑掉，客人會『說話』。」文靜的劉阿姨繼續說：「大多數的羊肉都是老客人在訂購。現在傳統市場的生意不好做，但是為了生活還是要做。羊肉生意也要看天吃飯，有淡旺季之分，冬天生意比較好，夏天就是加減做。」

我們問起這株黃金葛，劉阿姨說：「女兒小四時老師出了一個作業，說要種植物，觀察它的生長，做生意的我們根本沒時間去買，但還是要幫忙女兒做作業，就從路邊隨意摘兩根不知道誰家的黃金葛，種到現在。」

二十幾年來，這株「善存黃金葛植栽」就這樣掛在攤上，被阿姨照顧著，而它也很爭氣地隨著時間慢慢成長。雖然不特別搶眼，但聽著阿姨輕輕慢慢地說著，可以感覺到它就像女兒般默默陪伴左右，為阿姨忙碌的生活補充心靈維他命。

鞋子造型萬兩金植栽

類型
植栽

使用材料
空氣、陽光、水、舊鞋、
植物萬兩金

尺寸
26.5cm x 12cm

設計者
劉阿姨

發現地點
台北市大安區，建國花市

「鞋子造型萬兩金植栽」是專業的造型植栽設計者劉阿姨與老公的傑作，以不再穿的鞋子為容器，選用好種的植物組合而成。要得不多，只需陽光、空氣、水，一雙舊鞋便能讓簡單生活繼續跑跳碰。

建國花市裡，劉阿姨的攤位。

　　在每到假日才會出現的建國花市裡，我們印象最深刻的就是劉阿姨這個有點「奇葩」的攤位了。攤位上展示著各種以生活小物改造的造型植栽：咖啡罐、啤酒罐、籃球、橄欖球、網球、羽毛球、網球拍、平底鍋、打蛋器、洗衣板等等，只要想得到的日常用品，都可以是植栽容器。

　　我們好奇詢問：「這些都是誰做的啊？」

　　初次見面的劉阿姨很靦腆地回答：「我跟老公一起做的，廢物利用啦！看到家裡有什麼，就可以拿來利用，慢慢想，慢慢弄，像創作一樣。」

看得出來這是什麼生活用品的造型嗎？

　　快要七十歲的劉阿姨，二、三十年前與退休的老公一起投入植栽的世界，兩人憑著經驗與創意摸索，開發出一系列因應現代人忙碌生活，不用天天澆水的也活得下去的造型植栽。阿姨說：「照顧植物、創作植栽很花時間與心力，每個作品都需要一直動腦筋，什麼植物適合配什麼容器、鐵線要怎麼彎才好看、植物的特性是什麼、要用什麼方法讓植物固定在容器上面、要怎樣讓買回去的客人容易照顧等，這些都要思考。現在大家都比

有心什麼都不難，什麼都可拿來種。

較沒時間，想種植物又怕忘記澆水，所以我們就開發水草保溼的方式，加上把容器拿來廢物利用，這樣跟外面店家不一樣又有特色。我們夫妻倆，不管白天晚上，都在想要怎麼用，每天都覺得時間不夠用呢！」

劉阿姨與老公假日來花市擺攤，平日也不休息，日日用最天然的陽光、空氣、水，以及無盡的心思照顧著工作室裡成千上百盆的植物。我們要離開攤位前，阿姨送我們一小盆帶有種子的萬兩金和一株積水鳳梨，我們像歐巴桑一樣上演推推拉拉、塞了錢又被退錢的劇碼。阿姨告訴我們：「照顧植物就跟照顧你自己一樣，記得喝水、放在通風的地方，就可以活得很好了，很簡單，回去試試看。」

劉阿姨的經典作品族繁不及備載，我們精選這個象徵劉阿姨人生下半場繼續熱情跑跳碰的「鞋子造型萬兩金植栽」與你共勉之。

瓶罐鳳梨頭植栽

類型
植栽

使用材料
鳳梨頭、各式容器、水

尺寸
不定

發現地點
台北市大同區，華果匯水果行
台北市大中正區，東門市場外圍鳳梨攤
台北市大同區，蘭州市場蔬果攤

「瓶罐鳳梨頭植栽」使用馬克杯、寶特瓶、空玻璃罐等裝水，再放上
自家果菜攤的鳳梨頭做為擺飾。不論是在人來人往的市場，抑或居家
使用，都能為生活創造有靈性的花園一角，還可保庇生意旺旺來。

在蘭州市場的蔬果
攤一角，發現鳳梨
頭的身影。

　　不知道什麼時候開始流行種起空氣鳳梨，咖啡廳、小
書店、森林系的服飾店都能看到它們的身影。有趣的
是，我們在逛街市的過程中，也發現了類似的風潮，鳳
梨攤、水果行、蔬果攤，都可以看到這款「瓶罐鳳梨頭
植栽」（真的是切下來的鳳梨頭，加水放進瓶罐），彷
彿是每間頭家的心頭小玩物。

　　我們問每一個眷養這種植栽的店家說：「為什麼要養
這個？」不論男女、不論老少、不論國籍，他們總會回
答：「好玩啊！」

　　華果匯水果行越南籍的老闆娘說：「就覺得好玩啊！
聽別人說鳳梨可以這樣種，我就這樣種。只要泡在水
裡，它就可以活，一個星期就生根了。」

　　東門市場外鳳梨攤夫妻檔說：「我們就賣鳳梨啊，隨
手把切下來的鳳梨頭留下來，除了可以拿來當裝飾外，
也是一種生命力的觀察啦！但要種在有養分的土裡，才
能長鳳梨，種在這裡不會長出鳳梨，只是好玩啦！」

　　還有蘭州市場賣蔬果的花蕊嬤，也用隔壁水餃攤吃完
剝皮辣椒、愛之味脆瓜的空玻璃罐裝水，放上自家果菜
攤的鳳梨頭。花蕊嬤說：「安捏挖好勢，就水水，好玩
啊，而且擺這個生意會旺旺來喔！」

　　我們發現「覺得好玩」是一件可以讓生活變得有情趣
的要事。

蠻牛牌紙信箱

類型
信箱

使用材料
飲料紙箱、奇異筆、
紅色塑膠繩

尺寸
31cm x 23cm x 15cm

設計者
上好檳榔攤的老闆娘

發現地點
台北市大同區，
赤峰街的上好檳榔攤

「蠻牛牌紙信箱」以賣完飲料後的空紙箱為材料，並使用奇異筆寫上門牌號碼，樸實無華，簡單明瞭。

在赤峰街上的檳榔攤，
有其生存的道理。

　　赤峰街「上好檳榔攤」門口，掛著一只「蠻牛牌紙信
箱」。設計者是留著短髮、每天配著電視賣檳榔和飲
料的老闆娘。秉持著「上好檳榔攤」一貫樸實、沒有酷
炫燈光的風格，以賣完飲料後的空紙箱為材料，使用奇
異筆寫上門牌號碼即完成，「這樣弄一弄郵差有地方可
以放，不會丟得滿地都是。」這樣簡單明瞭又有用的方
式，是老闆娘「上好姨」覺得尚好的style。

　　位於捷運中山站與雙連站中間的赤峰街，過去整條街
大部分的店家都是做五金與汽車零件等相關行業。上
好姨也不例外，年輕的時候在這裡賣汽車音響，後來市
場愈來愈競爭，賺不到什麼錢，便轉行賣檳榔。這看似
「跳tone」的轉業邏輯，卻有它的道理。阿姨說：「以
前這邊屬於勞工階層，賣檳榔、賣蠻牛、賣涼水OK
啦！現在比較少了，但還是有。不然你看，他們在這裡

阿姨向我們示範
剪菁仔的技巧。

是要去哪裡買檳榔？」

　　轉角五坪不到的空間，放著阿姨的開店道具。一個簡
易的檳榔攤桌，一台面向馬路的雙門冰櫃，再往裡面
走，霧霧的壓克力隔板後面，是一組沙發和一台電漿電
視，這是阿姨的小天地。鄰居、阿姨的好朋友們，常跑
來這「開講」（聊天的意思）。

　　每次我們路過都會來買一罐水，然後看看信箱，看看
阿姨，或是坐下來加入阿姨與朋友們的婆媽時光，聊
自己家裡的改造創意，從廚房用品到生活用品，什麼都
可以聊，什麼都可以講，「東西很多都可以拿來繼續用
啊，像你那個瓦楞紙箱剪一剪，弄成一格一格的，可以
當收納盒。放什麼？大格的放內衫，小格的放內褲嘟好
啦！」我們笑到屋頂都要掀掉，心想一定要講這麼明瞭
嗎，阿姨？

　　甚至，我們還學了包檳榔的才藝，將菁仔洗淨，剪掉

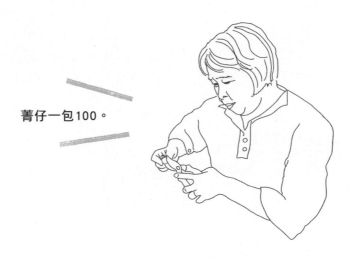

菁仔一包100。

頭尾,取半片葉子,抹上薄薄白灰,將葉子上下對折,繞著食指轉一圈,葉尾內折固定,最後把菁仔塞進來就OK囉!記得白灰不能來回塗,只能一個方向一次完成,不然會咬嘴。

　後來再訪,才知道阿姨回家帶孫子了,「上好檳榔攤」已結束營業,消失在這個轉角。來不及自備雞腿去找阿姨學用檳榔煮雞湯,但人生第一口檳榔的滋味印象仍舊深刻,就像咬到一口男子漢的感覺,滿嘴都是一種很man的氣味。

P.S.難忘的檳榔攤見習滋味。

65

伯公牌壁掛刀架

類型
收納盒架

使用材料
撿來的木板、鐵釘

尺寸
40cm x 40cm x 4cm

設計者
鄭伯公

發現地點
台北市文山區,興隆市場

需要什麼,就自己做。

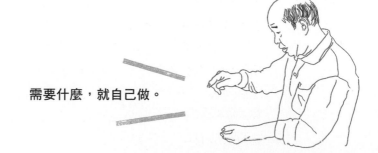

「伯公牌壁掛刀架」將兩片撿來的木板夾起,中間隔上木條,並依據各式刀種量身規劃間距,可依需求自由改變抽取方向,長刀、短刀,好抽好放沒煩惱。

巧妙貼於壁面上的刀架。

　　我們在興隆市場裡一家水果攤發現這個「伯公牌壁掛刀架」。設計者鄭伯公善用既有空間，從柱子一側延伸出個人專屬工作台，讓柱身自然化作現成壁面，釘釘掛掛就能收納各式開店所需的道具，而這個貼在柱上、非常「合身」的刀架，不僅依著空間，也依著鄭伯公五十幾年的工作經驗而生。

　　年過七十的鄭伯公，二十六歲時就從老家金山來台北打拚，他說：「你們一定很難想像那時候的金山離台北有多遠？那個時代不像現在有這麼多種選擇。我那時候就知道自己不喜歡進工廠當勞工，所以就想做生意。再想一想，賣魚賣肉油膩膩、溼漉漉的，賣水果比較不會啊！但是賣水果的利潤就不會像魚肉那麼高，有好有壞啦，就順著自己的意願決定來賣水果。」

　　開始水果攤主身分的鄭伯公，隨著賣的時間愈久，刀具的種類就愈多。「刀子不能隨便放，一不小心手就會碰到，我就自己想怎麼樣可以把它們收好。有一次看到有人在拆房子，木板丟在旁邊，我把它撿回來，再動腦筋做成這個啦。」

　　鄭伯公繼續和我們話家常：「我是老了才喝咖啡，最喜歡喝貝納頌。看到你們年輕人真好命，我們以前哪有那麼好，我到六十幾歲才喝到咖啡咧！」

　　在鄭伯公五十幾年賣水果的光陰裡，我們看到現在的他心態升級、刀架升級，連喝的東西也不一樣了。

金好拿名片架

類型
收納盒架

使用材料
寶特瓶、鐵絲線

尺寸
7cm x 9cm x 5cm

設計者
陳大哥

發現地點
台北市中正區，
東門市場周邊的國賓水電行

「金好拿名片架」採耐用的寶特瓶材質，裁出完美的斜切口，
再以鐵絲作出隔層，讓名片自然整齊的向外開展。做工精細，
方便抽取。

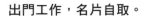

出門工作，名片自取。

　　從東門捷運站1號出口出來，等紅綠燈過馬路時，你可以看到對面平房上頭，一塊白底紅字的橫幅招牌上寫著大大的「國賓水電行」五個字。

　　「金好拿名片架」正是由這間「國賓水電行」的頭家陳大哥所設計製作。我們在他的信箱上發現了這個名片架，走進店內想問更多細節，但或許我們實在太奇怪，剛開始陳大哥的回答都很簡短，直到我們突然看到店內有兩隻貓，和他聊起貓咪，沒想到竟打開他的話匣子，拿起手機開始跟我們分享家裡養的貓貓狗狗的照片，也講起店內兩隻貓咪的身世：「別人放在店門口的，就只好撿起來養，不然怎麼辦？」（原來是暖男一枚。）

　　門口這個名片架也帶有陳大哥的暖男style，因為修水電常要外出到府服務，許多時間不在店裡，門面留下聯絡方式能讓客人找得到他。用心的陳大哥以鐵絲做隔層，讓名片可以自然整齊地向外開展，方便客人抽取，是不是很暖呢？

　　後來我們又去了幾次，老是遇不到陳大哥（難怪一定要放這個名片架），倒是有跟兩隻懶在玻璃櫥窗內、假裝幫忙顧店的貓咪say hello喔！

在門口信箱上，小巧的名片架。

雙掀保冷蓋

類型
收納盒架

使用材料
壓克力板、活頁鉸鍊、圓頭拉手

尺寸
53cm x 33cm

設計者
黃阿姨

發現地點
台北市萬華區，台北魚市

「雙掀保冷蓋」為量身訂製品，設計者黃阿姨以透明的壓克力板覆蓋在保麗龍箱上，方便客人看見內容物。雙掀式設計，左右對半放置不同產品，要拿哪邊開哪邊，更能保冷保鮮。

站在中間、看顧全場的黃阿姨。

　　偌大的台北魚市眾多魚攤一列列地排著。「雙掀保冷蓋」的攤位就在正中間的位置。黃阿姨和老公、兒子、媳婦齊心合作，一起經營著魚攤。專賣進口魚貨，有鮭魚、鱈魚、鯖魚、干貝、鯛魚中腹、鯛魚尾等。

　　黃阿姨說，整個攤位從一塊空地開始，從陳列、產品保鮮方式到販售交易動線、拿魚、刮鱗片、包魚、找零錢、沖洗，都需自己動腦筋規劃。攤位外環圍著層層疊疊的保麗龍箱，兒子與媳婦站在走道上，主要負責應對從四面八方來的客人，黃阿姨則站在攤位中間，雙手可及的內環區都是阿姨守備的範疇，阿姨隨時一個move，華麗轉身就能補給貨品。

　　運用到最極致的莫過於阿姨前方的不鏽鋼工作台了，小小的但五臟俱全，刮鱗片、沖洗、包魚、找零都要在

71

新鮮，就是好味。

這裡完成。阿姨耳朵甚至還帶著無線耳機，原本以為她在聽音樂，但其實是接電話訂單。我們真的是沒見過世面，就站在一旁，看著阿姨run過一遍又一遍她最熟悉的日常。

而「雙掀保冷蓋」的設計規劃就跟攤位一樣，從無到有，量身訂製，完善的設計很有黃阿姨的樣子。

「我連煮飯都要煮得美美的，盤子杯子也都喜歡買美美的，光看著就會很爽，飯都不用吃了。」很喜歡能發揮創意的感覺，以前差一點就去念美術系的黃阿姨說到這裡，滿面笑容地拿起手機和我們分享她種的花花草草，每株看起來都美美的，有被細心照料著的樣子。能窺看到黃阿姨的小確幸祕密花園，也算是意外的收穫。

黃阿姨因為嫁給賣海鮮的老公，開始了與海鮮為伍的生活，前幾年，兒子辭去上班族的工作，回來和爸媽

保冷箱加蓋的運用就像小型的冰櫃，裡面放什麼都看得清清楚楚。

一起經營海鮮攤，兒媳婦也加入了，就像當年的黃阿姨一樣。媳婦說：「經營海鮮攤的作息和上班族不一樣，但這樣我們的生活才能在同個步調上。」黃阿姨也說：「家庭跟婚姻就是一場人生歷練，結了婚，你才知道什麼叫結婚，什麼是一個家庭，什麼叫對小孩子付出。付出當然會有揪心的時候，也會有開心的時候。」（阿姨鼓勵大家趕快結婚。）

成為海鮮攤老闆娘的三十餘年，在每天忙碌的生活中，黃阿姨沒有忘記自己喜歡的事，不只用心經營海鮮攤，不只煮飯要煮得美美的，還要繼續喜歡園藝，種種花、養養魚，繼續規劃、實踐自己理想的生活。黃阿姨站在這個全家齊心經營的海鮮攤中間，微微墊高的平台上，看顧全場的樣子有種明星的氣場，從容地在她專屬的舞台上發著光。

水水泡棉燈罩

類型
燈罩

使用材料
水果禮盒發泡棉、透明膠帶、
燈泡

尺寸
28cm X 30cm

設計者
楊大哥

發現地點
台北市大同區，
永樂市場的水水水果攤

「水水泡棉燈罩」巧妙應用水果禮盒裡的發泡棉來製
作，一個LED燈泡，配上三層桃紅色發泡棉，同時兼
具遮光、柔光、聚光三重效果。光線與造型皆富層
次，讓寶貝水果們照得美美，成為正港的「水水」
水果。

還沒有開燈的水水泡棉燈罩。

　　此款燈罩是由永樂市場裡「水水水果攤」頭家楊大哥設計製作而成。楊大哥對自家攤上水果用情至深，不論是陳列或是燈光設計都相當講究。楊太太這樣形容他：「他喔，做什麼事情，都非常認真，顧家又負責。雖然跟大家一樣都有生活壓力，要顧家養小孩，辛苦過日子，但是他非常愛惜老婆，又非常有責任心，就算辛苦也不會後悔嫁給他。」

　　夫妻倆年輕時為了生活拚搏賣命，自己創業賣麵包，那是一段很艱辛的時光。一開始沒有的經驗，就是憑著憨膽去做，邊做邊學，「每天都只睡三小時，做到躺下來沒辦法翻身咧！」楊太太說著，在一個機緣下，轉行

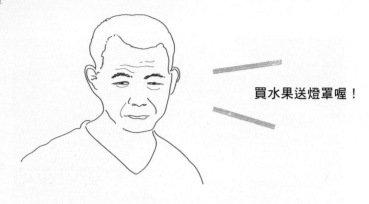

買水果送燈罩喔！

做起現在的水果生意。

　　當決定轉行賣水果時，做什麼事情都很認真的楊大哥，同樣用認真的態度去對待每一顆水果和每一位客人。不僅因應永樂市場的客群做採貨規劃，也提供貼心的送水果到府服務，更連攤位上的陳列都親力親為，每天開店前，花兩個小時，將水果們排列整齊、仔細配色，一深一淺，力求水果們在攤上看起來「有水」！如果楊太太更換先生的陳列，他還會生氣，非常在意地擺回正確的位置。

　　「水水」的邏輯就是這樣，每一個細節都不能馬虎，當然燈光也要照顧到。楊大哥用心、認真照顧水果、家庭、客人的心意，就像這水水的燈罩一樣，好罩。

「水水」的水水水果攤。

全罩式水勺燈罩

類型
燈罩

使用材料
紅色水勺、燈泡

尺寸
15cm x 12cm

設計者
阿美和豬肉攤師傅

發現地點
台北市中正區，
水源市場裡的宜蘭黑毛豬肉攤

「全罩式水勺燈罩」純手工打造，精心選用較深的水勺，鋸掉手柄後罩住刺眼燈泡，水勺深度與燈泡的完美比例，能使光線集中，照到該照的地方，更達到保護眼睛，同時美化豬肉的效果。

「叫我阿美就好，比較親切，也不會顯老。」

我們超級聽話地說：「好！」

阿美已經七十五歲了，土生土長的水源市場人。她二十三歲時相親結婚，婚後的第十二天就被拉出來賣豬肉。每天早上四、五點出門，賣到下午三、四點收攤，獨立掌店已超過五十個年頭。

為了讓攤上豬肉顏色看起來更漂亮，掛了數個高瓦數商用燈泡，刺眼的燈光，讓長期駐守在攤位後方的阿美患上了乾眼症。為了改善這樣的狀況，豬肉攤的師傅改良了原本用臉盆製作，但因深度不夠只能遮住一半光的燈罩，換成更深的水勺。燈光照明確實是攤販考量陳列

阿美姨的攤位上，掛著一整排的全罩式水勺燈罩，很是壯觀。

全罩卡好勢啦！

時不可忽略的細節，除了呈色效果外，也須考慮到眼睛舒適度。

　　看阿美眼睛這樣，問她會不會想退休？阿美答：「退休要幹什麼？人要活就要動。這邊（指水源市場）很多攤都是退休之後，人就沒有了（過世的意思），現在做生意是因為有得動，要活就要動，不是為了賺錢。」

　　我們再次去找阿美的時候，阿美一樣有活力又很機靈。於是我們和她玩起了快問快答的小遊戲，手指著攤位上一塊肉問她：「這是哪個部位？」阿美直接用她的身體比給我們看，說：「這裡啦，豬的肋骨。」再指另一塊，阿美雙手在臉頰兩側劃圈圈，說：「這邊，嘴邊肉。」指向很多骨頭的長條狀物，阿美摸我們的背說：「龍骨啦！」突然覺得自己彷彿有四隻腳在地上走。

　　這時候，鄰攤送來了兩盒小籠包，阿美熱情地和我們

透過紅色水勺燈罩加強光線，讓豬肉賣相更佳喔！

分享，拿起竹筷餵食我們，再從攤位旁拿出一塊用清水川燙的嘴邊肉，熟練地切片，墊著塑膠袋，淋上醬油膏，推到我們面前說：「吃吃看。」

　　真的好吃，但我們第一次直接在豬肉攤上吃豬肉，before & after在我們眼前同時呈現，這滋味……真的不好說。

P.S.現場餵食秀SNG連線，直接現切、現「煠」（燙的意思），攤位直送嘴裡，永生難忘的雙重新鮮感。

花形水盤燈罩

類型
燈罩

使用材料
植栽水盤、燈泡

尺寸
25cm x 5cm

設計者
許阿姨與林大哥

發現地點
台北市北投區，
自強市場的海盛高級海產

實在、用心，就能做出好口碑。

「花形水盤燈罩」以花形植栽水盤作為店內的挑魚盤及
燈罩，一物兩用更有整體感。塑膠材質的水盤耐用度
高，花邊造型讓整體視覺更活潑。

攤位上方的燈罩與下
方水盤相呼應。

　　這燈罩是由北投自強市場內「海盛高級海產」第二代
經營者許阿姨與林大哥夫妻檔設計製作，店內諸多巧思
都來自老闆娘許阿姨，不論是給客人挑魚的盤子，抑或
燈罩都使用此款水盤，整間店看上去乾乾淨淨。

　　許阿姨說：「我爸爸也是賣魚的，從小跟著我爸出去
做生意，就學會觀察，雖然我是在旁邊幫忙結帳、找
錢，但也會從旁邊看他怎麼殺魚，看久了，自然就知道
要從哪裡下刀、要怎麼殺。」

　　有趣的是，來自屏東的許阿姨為了改善家裡環境，完
成國中學業後，就背著背包、單槍匹馬來台北找工作機
會，沒想到緣分就是這麼奇妙，兜兜轉轉，最後還是嫁
給了家裡賣魚的老公林大哥。

　　承接起家業，隨著時代變遷，家庭結構的變化，在傳
統市場做生意也需有所應對、調整。夫妻倆憑著觀察
力，發展出一套在傳統市場裡生存法則，從店內備有
十一種尺寸的真空袋，因應不同魚種與客人各式分裝需
求這件事，就可以知道，許阿姨與林大哥早已不是新手
上路，現在的他們做起生意來游刃有餘，把握每週唯一
休息的週一，到處爬山看風景，用運動點綴生活，就像
「花型水盤燈罩」點綴店內般，洋溢著青春活力。

兄弟牌鋁盆燈罩

類型
燈罩

使用材料
鋁盆、燈泡

尺寸
27cm x 8cm

設計者
莊大哥

發現地點
台北市松山區，草埔市場的兄弟魚攤

「兄弟牌鋁盆燈罩」運用汰換下的舊鋁盆製作，銀白色的表面用處多多，不僅能加強光線反射，集中光源，還能調和黃色燈光，創造出柔和的中性色，讓海鮮看起來更加新鮮美味。

莊氏兄弟檔的魚攤，上方
有一整排的鋁盆燈罩。

　　「兄弟牌鋁盆燈罩」由從事漁產工作三十餘年的莊大
哥設計製作。莊大哥，復興美工畢業，家鄉在宜蘭，
家裡本來做漁產冷凍批發，但是因為開放中國冷凍魚進
口，衝擊到批發生意，莊大哥就和弟弟一起找攤位轉做
零售生意，直到現在。

　　我們問起掛在攤位上方一字排開的燈罩，莊大哥說：
「這是本來給客人挑魚的鋁盆，已經舊了、破了，就拿
來做燈罩，銀白色的表面，能加強光線反射，還能中和
黃色燈光，創造出柔和的中間色。而且這樣罩著，可以
讓光線集中往下，達到聚光效果，就像投射燈啦！讓海
鮮看起來新鮮美味。」

　　我們對莊大哥說：「你很專業耶，還可以講出『中間
色』這個詞。」

　　一問一答之間，莊大哥的手沒停過，繼續回答我們：

不同魚種的擺放位置，都有莊大哥的心思。

「也有客人說我擺的魚很漂亮，問我以前是不是學美
術，我說你怎麼知道？除了光線，排列也很重要。理論
上，有顏色的（意思是顏色鮮明）擺中間，然後比較高
價值的魚放在比較好拿的地方，比較便宜的魚就放在邊
疆地區，都要搭配。啊我這樣會不會講太細，你們會不
會明天就在我對面擺一攤？」

　　莊大哥真是愛開玩笑，不過能在市場裡遇到學美術的
大哥，仍然備感親切。我們問他平常休閒活動是什麼？
還畫畫嗎？看上去文質彬彬的莊大哥邊招呼客人，邊清
理漁貨，邊對我們說：「我喔，下班休息一下就去運
動，打小白球，回來老婆煮好飯，就吃飯配音樂這樣。

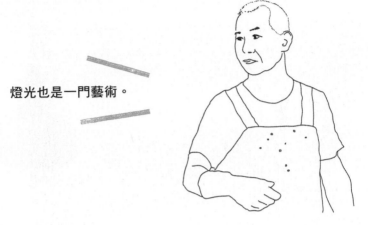

燈光也是一門藝術。

我比較喜歡聽西洋老歌，還有管弦樂，像韋瓦第的四季那種，以前在畫畫的時候，老師會放這個給我們聽，覺得滿好聽的，就一直聽到現在。現在家裡掛的兩幅油畫，都是我之前畫的，我再努力幾年就要退休，想再拿起筆畫圖。」

散發著些許文藝氣息的莊大哥，言談間也隱約透露出好先生與好爸爸的心思。「小孩子還小的時候，都是我在煮飯。煮飯跟畫畫很像，都是要有一個畫面在腦海中想像。其實很多事都跟以前學美術有關，已經內化了，學美術的就是對美的東西比較有概念，喜歡就成自然啊。」

一個魚販可以運用所學，讓自己的工作與生活並重，也讓我們親眼見證「生活藝術化，藝術生活化」。這可不是口號台詞喔！

漏斗造型燈罩

類型
燈罩

使用材料
銀色白鐵漏斗、燈泡

尺寸
20cm x 14cm

設計者
林先生

發現地點
台北市內湖區，大湖市場

類型
燈罩

使用材料
紅色塑膠漏斗、竹筷、
燈泡

尺寸
25cm x 25cm

設計者
豬肉攤老闆娘的婆婆

發現地點
台北市松山區，
草埔市場的黑毛豬肉攤

「漏斗造型燈罩」以五金行即可買到的寬口漏斗作為主體，翻倒過來正好適合作為聚光燈罩。罩住燈泡，發揮巧思固定電線，材質、顏色選擇多，便宜又好用。

有發現漏斗翻過來看很像燈罩嗎？「漏斗造型燈罩」在街市上，算是滿常見的運用。但不問不知道，平平都是漏斗改造的燈罩，頭家們還是會根據販售的貨品，選擇不同的漏斗，與各自私藏的使用小撇步。

　　草埔市場黑毛豬肉攤的闆娘和我們分享，豬肉攤用紅色漏斗比較合適。紅漏斗加上黃色（燈泡色）燈光，能讓豬肉看起來更鮮美可口。老闆娘更發揮巧思，在漏斗上打個洞，穿過一小段竹筷，用鐵絲與電線相綁，即可解決固定問題。

　　在湖光市場賣海鮮的林大哥則選用白鐵材質的漏斗來製作燈罩。林大哥說海鮮攤的燈光通常會選擇偏白色的自然光（冷白色）或白光（晝光色），白鐵的漏斗搭配白色的燈光，除了反射光線、加強燈光強度，讓海鮮品更顯色之外，有灰塵時洗一洗、擦一擦，耐用的材質又可以繼續用很久。

　　五金行裡，五顏六色排排站的漏斗們，也想不到有一天可以被不同的主人用有意思的方式使用與對待吧！

紅色漏斗燈罩特別適用於販售牛、豬等紅肉的攤販。

甜蜜蜜改裝推車

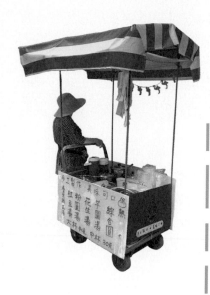

類型
推車

使用材料
現成藍色鐵製手推車、鐵條、鐵絲、
紅黃相間帆布、塑膠瓦楞板

尺寸
約90cm x 120cm x 210cm

設計者
阿玉孃

發現地點
新北市板橋區，湳興市場

「甜蜜蜜改裝推車」以現成的藍色鐵製手推車為基礎，加上使用者的
想法改造而成。推車四角焊接鐵條支架向上延伸，罩上防水帆布，車
身四周綁上自製招牌，就是一台有模有樣的改裝攤車。

用鐵絲架收納一塊可遮陽擋
雨的塑膠瓦楞板,是阿玉嬤
老公的貼心設計。

　　以手推車改造的攤車,是台灣街市攤車類型的入門
款。可說是街市版的「改裝車」,只是少了震耳欲聾的
引擎聲與刺耳嚇人的喇叭聲。

　　阿玉嬤,七十歲,之前和老公一起賣海鮮,退休後閒
不下來,才開始她的攤車生意。車體四邊用文具店買
到的塑膠瓦楞板相接,再請媳婦寫上販售的甜湯種類,
成了四面都有廣告功能的「扛棒」(招牌的意思),攤
車頂則由老公協助罩上防水帆布,還貼心地綁上X型鐵
絲,架住一塊塑膠瓦楞板,為的是下雨或太陽大時能往
外推,使其撐起帆布來幫阿玉嬤遮陽擋雨。

　　對於自己攤車的設計想法,阿玉嬤當然有參一腳,好
比攤車頂的帆布,老公原本要選用藍色,但阿玉嬤覺得
太暗,一定要用紅黃相間的才夠醒目,或是販售項目要
用紅色與藍色的麥克筆間隔書寫,都是阿玉嬤的點子。

　　阿玉嬤推著這台集家人之愛的攤車開始了她的新生

生活的祕方，就是愛。

活，觀察市場買氣後，決定採半流動式的方式做生意，客人在哪，車就到哪。早上六點起床，開始備料、出攤，在老公的協助下把桶子扛上攤車，她會先到湳興市場，固定擺幾個定點，若沒什麼客人，就往下一個位置移動。賣到下午兩、三點，回家睡個午覺或備料，晚上七點半再到南雅夜市繼續賣到半夜十二點半才收攤。貼心的老公會等著阿玉孃回家，一起整理、清洗桶子，在凌晨兩點進入夢鄉。

「十二點，我差不多要去下個地方了。」阿玉孃說。我們好奇阿玉孃沒有手錶或手機，怎麼會知道時間？只見她指指對面攤位上的時鐘，我們才了解阿玉孃的時鐘是座隱形鐘，她用的心法隨處可見。

天氣很熱，阿玉孃的帽子下，大粒汗、小粒汗直流，我們也聊得口渴，點了綠豆湯，又驚訝地問：「這綠豆

阿玉孃的綠豆湯，有她的獨門祕方。

湯怎麼那麼好喝啊？」阿玉孃說可以告訴我們祕方，但是不能寫在書裡（不過我們聽完後，覺得一定要毀約公布出來）。

阿玉孃說：「如果要煮一碗好喝的綠豆湯，最重要的祕方就是『愛』。」說完還捂住嘴巴害羞地笑。雖然聽到的當下，會很想用力拍一下阿玉孃說：「三八ㄟ！」但不知為何，心裡有點暖暖的。

阿玉孃很好聊，我們在攤位旁待了好一陣子，從綠豆湯聊到伸展運動，又聊到家庭。言談之中，我們可以感受到阿玉孃為兩個很會唸書的兒子感到驕傲，她輕輕地說：「我的命比較不值錢，兒子的比較值錢。我能做的，就是煮好一碗綠豆湯，好好照顧他們。」

一台攤車，一個腰包，沒有手錶也沒有手機，阿玉孃的甜湯攤車自成一座星球，因愛而運轉。

小碎布止滑剪刀

類型
剪刀

使用材料
布邊、布剪

尺寸
各式尺寸

設計者
陳氏兄弟

發現地點
台北市大同區，永樂市場周邊

「小碎布止滑剪刀」是布行的必備用品，將布邊剩料裁成條狀，以完美的45度斜向纏繞，加強握把處的舒適度，並達到止滑效果。

適合自己就是最好的名牌。

　　剪刀是每個布行的重要家私，已在永樂市場打滾五十年的陳阿公說：「工欲善其事，必先利其器。這支最好剪，是『庄三郎』的，名牌啦！」但即便是名牌貨還是不可能符合所有使用者的需求和習慣，這時候就自己加工一下，適合自己的就是最好的名牌。

　　陳阿公開朗、樂於分享，很有生意人的特質，從十七歲開始在布行做學徒，和哥哥一起在這裡經營棉胚布生意已五十餘年，可說是永樂市場的歷史說書人。據他分享，大稻埕興盛時，生意好到沒有休市日，經常沒有時間回家，就直接睡在剪布的桌子上。現在大稻埕的榮景不復以往，陳阿公說他心態上已退休，但每天還是騎著他的「發財高手150」來顧店，也和鄰居泡茶、聊天、猜拳、下棋（我們也陪陳阿公玩過棋，因為那天星期六，下象棋的朋友不會來）。

自己加工的布剪，更好用。

　　直到現在，我們去找他，他還是會自然而然秀出生意人的第一句問候語：「今天要找什麼布？」包著各色碎布的庄三郎布剪一字排開，俏皮、活潑的外表包裹著深厚的實力，就像陳阿公一樣。

好鄰居中柱防刮球

類型
車用小物

使用材料
網球、奇異筆、刀片

尺寸
直徑8cm

設計者
曾剪刀

發現地點
台北市大同區,永樂市場周邊

愛網球,疼鄰居。

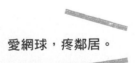

「好鄰居中柱防刮球」是件心意滿滿的疼惜物品,將舊網球以刀片劃開一個洞,套入機車立架,即可保護駕駛人的小腿,免於被設計不良的機車中柱刮傷,防震也有效喔!

陳阿公與曾剪刀是三十
年的好鄰居。

　　「好鄰居中柱防刮球」的設計者是大稻埕「曾元順剪
刀行」的老闆，他與隔壁布行的陳阿公是多年好鄰居。

　　我們先是在陳阿公的機車中柱上發現了這個防刮球，
俏皮的陳阿公拉起褲管，皺著眉頭，指著小腿上的傷
疤：「是鐵ㄋㄟ，磕著都黑青！」原來機車立架設計不
良，陳阿公常常被撞到。

　　喜歡打網球的鄰居「曾剪刀」觀察到這個狀況，便為
陳阿公製作了這個防刮球。

　　「我們是三十年的老鄰居了，有需要就互相幫忙一
下。做這個很簡單啦！現在馬上做一顆給你們看。」陳
阿公快人快語說完，直接步行二十步到鄰居「曾剪刀」
的店鋪櫃檯後面，打開櫃子，拿一把刀，再取一顆網
球，劃開一刀。幽默的是，他在網球上畫了五官，開始
用球和我們打招呼，而曾剪刀在一旁也笑得合不攏嘴，
兩人的好交情不言而喻。

　　見證這兩位大男孩三十年情誼的「好鄰居中柱防刮
球」，我們感受到的是台灣街市裡，人與人之間互相支
持，共同見證生活點滴的情誼。

筆筆皆是加長筆

類型
筆

使用材料
紙捲蠟筆、橡皮筋

尺寸
64cm

設計者
勁饌早午餐老闆娘

發現地點
台北市中山區，
中山市場周邊的勁饌早午餐

類型
筆

使用材料
免洗竹筷、紙捲蠟筆、膠帶

尺寸
16cm、16cm、17.5cm

設計者
勁饌早午餐老闆娘

發現地點
台北市中山區，
中山市場周邊的勁饌早午餐

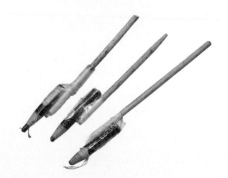

「筆筆皆是加長筆」為了解決劃單筆容易不見的困擾，以日常使用的
橡皮筋串綁為彈力繩，並將此繩一端綁上筆，一端固定在桌上，十公
分到一百公分都伸縮自如，大桌小桌都可用。而過短的筆則綁上竹筷
或套上水管，互利共生，繼續過好下半輩子。

短筆套上水管，綁上橡皮筋彈
力繩，又是一支好筆。

　　「妹妹——今天要內用還是外帶？」這是在台灣早
餐、小吃店常有的親切招呼，這間位於中山市場對面的
「勁饌早午餐」也不例外。對於客人總是蜂擁而至，趕
著要去上班的早餐店，從點餐到出餐的流程，必定力求
順暢。而這一切得從「客人劃單」開始說起。

　　勁饌早午餐採用的是紙捲蠟筆加上護貝菜單的set。
這樣的set很常見，但這些筆有時命不好，遇上一些客
人粗魯拿起又重重放下，或偶有失足墜樓，甚至無故失
蹤的意外事故發生，要是身材太好、如model般高挑，
還易遭人嫉妒而被折斷。真是身世坎坷的劃單筆。

　　諸如此類的慘況，在小店裡「筆筆皆是」，早午餐店
的老闆娘也是心有戚戚焉，不斷絞盡腦汁改造，試圖延
長劃單筆的壽命。無論是將其倚靠竹筷，延長握柄，或
是利用橡皮筋繩固定在桌上，甚至將紙捲蠟筆套入水管
內，都是希望每隻筆不再顛沛流離，過著幸福快樂的日
子。也希望你可以感受到「勁饌早午餐」老闆娘照顧每
隻筆的心意，要將心比心喔！

今生今世就是拒馬

地狹人稠的台灣，經常可見到各式拒馬，而拒馬改造更是我們蒐集到最多的項目。它是街邊小店必備的開店道具，形式千變萬化，用水桶、籃子，有什麼用什麼地拼組起來，似乎只要寫上「請勿停車」，今生它就化為拒馬，彷彿換名改運的邏輯。

店家打烊前的最後一道工序是拖地清潔，員工靈機一動，在倒扣晾乾的水桶表面寫上「請勿停車」四字，一桶兩用，經濟又實惠。

而那種扁扁的、紅色烤漆加上一塊鐵板寫著「請勿停車」的現成拒馬，不知是設計不良？材質不佳？店家使用不當？或真的是時間無情的摧殘，經常有斷腳或是靈肉分離的現象，但也總有許多不離不棄的主人依然選擇繼續使用它。有趣的是，就算它面目全非，也不減它「請勿停車」的告誡威嚴，宛若年事已高的警衛阿伯，我們還是會尊重一下。你呢？會和我們一樣看到它就乖乖地摸摸鼻子走人，或是把它搬旁邊一點呢？

你也有拒馬軟腳的問題嗎？將錯就錯，直接將腳架折彎，增加接地面積，使用起來更穩固。

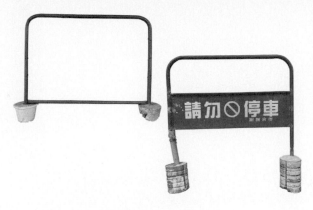

想修補斷腳拒馬？在奶粉罐中灌入水泥，增加支撐力，完美延續拒馬壽命。

一個不夠，那就來兩個！運用白色束帶連接兩個拒馬，打開時長約180公分，摺疊收起後僅90公分，還運用機車大鎖增加重量，一個人也能簡單操作。

在戶外市場發現的砧板拒馬充滿手工拼接創意，明確寫出請勿停車的時間與原因，夠誠懇啦！

兩座醒目交通錐加上如同大字報的木看板，輕鬆杜絕他人胡亂停車的困擾，組合方便，進出貨物沒煩惱。

各式各樣菸灰缸

　　車站前、便利商店門口、巷子口、KTV樓下、百貨公司門口……有人聚集的公共空間總伴有菸灰缸的身影，而這也是改造達人喜愛發揮的項目。無論是因地制宜、就地取材或廢物再造，透過街市上形形色色、各具巧思的改造菸灰缸，彷彿看見周遭那些熱心小人物，用自己的方式，創造共好的生活氛圍。

中壢火車站前廣場的「交通錐plus鋼盆菸灰缸」造型大膽，有當代藝術風範。寬的不鏽鋼盆放在人來人往的公共場合，360度零死角的服務範圍，菸頭隨丟隨進，再也不漏接。

內裡是鐵製罐頭，耐熱防火；外層的純灰PVC水管，素雅高尚；醒目的「菸蒂桶」字樣，誠如其設計風格，簡單明瞭不囉唆。

大容量的「奶粉罐菸灰缸」，可減少清潔及更換次數，省時又方便。一位熱心無名氏的巧思，賦予空奶粉罐新價值。誰說瓶罐無用呢？

重複利用塑膠袋

　　多數人都有隨手留下塑膠袋再利用的好習慣，無論是分裝蔬果、裝廚餘，都是依循塑膠袋原有功能再重複使用，除了愛護地球，沒什麼特別新意。但在踩踏街市的過程中，我們意外發現塑膠袋還能用出不同的風貌。

　　車用防雨套、雨帽、面紙套、毛撢子，不論是店面或居家，都能發現塑膠花袋變身後的新造型，承裝力強、防水性佳的特質讓塑膠袋成了改造素材的No.1。失敬了，萬能的塑膠袋。

「塑膠毛撢子」是將蒐集來的塑膠繩抓成一把，繞上膠帶做出握把後，再將前頭的塑膠繩撕成絲狀，隨手一抓，輕鬆拂塵。

將塑膠袋開個小洞，放入抽取式面紙，吊掛在攤位上方。在海鮮攤最容易看見，客人隨挑隨擦手，是貼心滿分的好設計。

在腳踏車坐墊、摩托車把手或是汽車後照鏡套上塑膠袋，雙提把打結固定後即是現成「車用防雨套」，容易安裝又好拆卸，不花一毛錢就能輕鬆保護愛車。

多用途光碟片

你的手邊還留有光碟片嗎？回想起在光南或玫瑰唱片行追星的日子，以及趕報告燒光碟的時光，不由得感嘆光陰似箭……

光碟片這個產物雖然已不再蔚為主流，但因為具有反射的特性，使它成了街市上改造運用的有趣素材。像是對於直接以肉身上陣的腳踏車騎士來說，沒有轎車的銅牆鐵壁，沒有摩托車自帶車燈的設計，光碟片就成了最方便易用的反光警示；而在自助餐店，為了驅趕蒼蠅，可以利用反光的材質製造牠們最害怕的蜘蛛網效果。沒想到小小的光碟片，有著大大的學問，還能夠繼續散發著七彩光澤呢！

這個「復古壁貼式反光盤」，在車庫兩側貼上兩排光碟片，即便倒車技術欠佳，亦可安全入庫。

在街市上常可見到於腳踏車上加裝「光碟片反光車
燈」的作法，利用別人的車光照亮自己，一閃一閃
亮晶晶地像是在說：「大哥大姐，我在這裡，不要
親我的屁屁喲！」

在自助餐店用餐，最怕的就是蒼蠅了。只要掛上一串串光碟，使其自由旋轉舞動，加上
店內光線輔助，對蒼蠅來說會產生蜘蛛網的效果，自然就會被嚇跑了。

隨手取用廣告神物

　　市售的廣告架形形色色，選擇不少，但對許多攤販頭家來說，這些公版的規格限制太多，可能不夠高、不夠穩、抽換不易、不耐用等等，與其額外花時間心力找到適合自己的，不如運用手邊就能取得的材料來發揮改造，不只省錢，還更省力、更適用。

　　攤商們依自己多年的販售經驗，發展出各色充滿趣味與巧思的廣告道具，「齣頭」（花樣的意思）真不少，而這些自然散發著人味的小道具，在我們看來也頗具效益。小店出奇招，吸睛亦吸金。

這排「紙袋廣告架」是在板橋某自營藥局前發現的。紙袋結合透明文件套，宣傳、標價都適用，抽換更新好方便，是活動式廣告看板的最佳選擇。

黃石市場巷弄內多是服飾店，
什麼沒有，衣架最多！夾著出
租宣傳單，直覺又方便。

「木梯廣告架」選用木梯作為
基座，加上廢物利用的塑膠瓦
楞板，直繪手寫店名輕鬆變身
成招牌看板。

「保麗龍標示夾」將海鮮攤位常有的
保麗龍箱裁切成細長狀，並以橡皮筋
綑綁於曬衣夾上，可重複利用，即便
髒了，也容易替換。

大面積西瓜表皮不用白不用，士林
的「混蛋老闆果汁店」直接寫上販
售項目，在人來人往的街上，成為
最吸睛又環保的廣告牌。

西瓜攤多有代客削皮的服
務，成堆的西瓜皮，堅固
又厚實。不用另備廣告
架，插上竹筷，寫上價
錢，一樣清楚明瞭。

街市的

Part 3

空間

街頭陳列，啥款概念？

　　你有擺攤、開店、賣東西的經驗嗎？你曾幻想過如果自己有一個店面或一台攤車，要怎麼規劃嗎？或許你和我們一樣「想空想縫」（想盡各種鬼點子的意思），又或者你只想問：「不就是把要賣的東西擺出來，東西排一排就好了嗎？」

　　真的有那麼簡單嗎？不論店面大小、賣的商品是什麼，對商家來說，「陳列」絕對是門學問。街市上的攤位陳列，為了要在百家爭鳴的小店中脫穎而出，必須使出渾身解數，在我們看來更是有意思。

　　因為工作的關係，我們曾經上過陳列課，陳列專家資歷列出來落落長，分享許多陳列原則，其實和美學的形式原理大同小異，必須注意比例、平衡、色彩等。但上完課之後，就算知道這些「很課本」的知識，面對不同商品，沒有實戰經驗，兩個小時的陳列課也派不上什麼用場。

　　我們特別喜歡觀察街頭上各種攤位的陳列方式，看他們如何發揮創意，在有限的空間運用有限的資源創造最大效益。從工作流程的規劃、客人的購買動線、商品的展示方式、備品的收納、拆裝的速度，到移動的方便性

等，都是需考量的細節。

而街頭陳列的樣態五花八門，從空間運用到道具改造都是商家們盡情發揮的所在，甚至把路邊柱子網羅進自家展售的範圍。為求生存，頭家們使出十八般武藝，憑著經驗與本事，發展出獨門style。追求完美的控制狂偏好量身訂製，精準掌握尺寸細節；零極限的變變變達人，任何東西到他手上都能變身；也不乏有天馬行空的浪漫派，輕輕鬆鬆就創造出如畫般的展示場景，還有人天外飛來一筆，用的可能是神仙教母上身才想到的陳列妙招……

我們歸納出的幾種街頭陳列原則，不論是分顏色、排高低差、找model、生道具、時不時更換排放方式，老闆們都是希望這些產品能以最好的形象交到客人手裡。就算是同樣的產品，經過不同人的思考與擺設，也會衍生出各種陳列方式。正因不斷地嘗試、變通、調整，才讓街市有這般形形色色的風貌，並充滿蓬勃的生命力。

懸掛陳列的妙用
空間寶貴，決不浪費

　　陳列最重要的莫過於空間的運用，對小攤小店來說，一寸空間一寸金，絕不能浪費，而「懸掛陳列」可以說是它們省空間的必備招數之一，五金百貨、五穀雜糧鋪、服飾店、水果行、豬肉攤，只要是產品的種類、花色繁多的店面，幾乎都可以看到懸掛陳列法的身影。只要把東西掛起來，立刻化身3D產品型錄，好翻又好找。指一下、問一下，瞬間刷新交易量，老闆客人皆大歡喜。

1

1. 貨品垂降法

　　貨品垂降法是懸掛陳列的入門基礎，臘肉、免洗碗、鞋子、衣服、絲巾、皮件包包、豬肉、香蕉……不管什麼東西，掛起來就對了。不過要掛得有理，掛得有趣，也是一門學問。

　　在水果攤上抬起頭，很常看見一排「香蕉吊鋼絲選美大會」（圖❶）。為了讓蕉哥蕉姐保持最佳狀態，不會黑太快或長出曬斑，讓香蕉可人兒們飛高高，涼快又通風，可以「凍齡」比較久喔！

2

又好比在肉攤上，一排「肉簾」披掛在攤位前，可是有它的道理（圖❷）。若將肉品平放在攤位上，血水易將平台染色，肉也容易變質，使用吊掛的方法來陳列肉品，除了節省空間，也方便婆婆、媽媽、叔叔、阿伯物色，手一指就能輕鬆將小鮮肉帶回家。

路過萬華剝皮寮附近街區，很容易被這間老鞋店吸引（圖❸），皮鞋們懸吊在天花板下，低低高高，錯落有致，走在下方就像處在熙來人往的顛倒世界一般，特別有意思。

而占最大宗、最適合垂掛的莫過於長條狀的商品了！看這攤披巾（圖❹），在一片紛雜的街市中，層次分明又不紊亂，是最吸睛的動態宣傳。還有一攤將紙碗杯盤等成串掛上（圖❺），你就知道「掛起來」有多麼好用了吧！

圖❻雨傘攤善用懸掛、
垂降小撇步,即便小空
間也能掛出磅礡氣勢。

圖❼輕量級的乾貨類也
能裝袋高高掛起,走
過、路過,怎麼可能會
錯過呢?

2. 隨處都能掛法

　　外出做生意，要學會「變通」，到哪都能應變，就算不是店面也要想辦法「開外掛」。

　　找一個能倚靠的宿主，比如衣飾攤在大樓梁柱、鐵捲門前吊起衣服（圖❶、❷），或是借用路邊的公共鐵網（圖❸）、電線桿（圖❹）創造吊掛新空間。畢竟要在街頭求生存，就是要掛得巧，掛得妙，掛得讓人⋯⋯出乎意料！

3. 晾曬掛架法

　　你也有用過各種曬衣架吧？只是商用跟家用的方式，好像有那麼點不太一樣。淘汰的衣架也可以做為陳列素材（圖❶），賣包包三十年的陳大哥將其拗折成吸睛的閃電造型，向上突起的地方可做為包包吊掛處，依據需求調整每層的間距，除了陳列更有效率外，大包小包整面排開，花樣款式一覽無遺，快速比劃各式包款給顧客參考，更增「包中率」。

　　將曬衣鍊改變方向，垂直降落，就是衣物陳列的好幫手（圖❷）。算好間距，將各式花色的衣服褲子吊掛在環環相扣的曬衣鍊上，彷彿婆媽軍團般整齊有序的列隊排開，瞬間擁有超強氣場。

　　平常用來曬襪子、內衣褲的圓盤曬衣架（圖❸、❹），運用尼龍繩、鞋帶、布邊等各式綁繩輔助強化，使其更堅固耐用。將義大利絲巾、韓國襪子、日本毛巾手帕，甚至是吸睛的台灣烏魚子，只要將各式物品夾吊上去，360度自在陳列零死角。

❸

4

神奇道具真好用
融入生活情境，讓人感受溫馨

　　逛一圈市場，會發現很多令人意想不到的「神奇陳列道具」，之所以神奇，是因為這些道具都是近在眼前的生活用品，但我們從未想過這些材料可以這樣被應用。瓦楞紙箱、塑膠袋、膠帶、鋼杯、絲巾、玩具、假花假草都是頭家們的陳列好朋友，依循經驗，發揮想像，將手邊素材幻化成陳列道具，不需要「厚工」的配件，沒有操作困難的問題，免下重本就能打造融入你我生活，讓人倍感親切、溫馨的陳列情境。

1. 整箱整袋陳列法

　　我們觀察到街市許多店家會將紙箱改造一番,我們把它稱作「百變箱」,不僅能用來裝貨、收納、墊高桌腳,當然也可以用在陳列上。紙箱陳列招式多種多樣,不管是整箱直接「捧」出來、直接把廣告詞寫在箱蓋上(圖❶),或讓盒蓋掀起當立架(圖❷),甚至用小刀劃兩下,讓紙板變成漏斗,裝滿之後面朝客人成為水果瀑布,都是要讓它發揮最大潛力,用得巧妙,用得有理。

　　客人們的時間寶貴,生意人也是分秒必爭。整袋裝好的陳列法我們稱之為「市場得來速」(圖❸),頭家們都先幫你「攢」好了,喜歡就「to go」不用等,提了就走(還是要記得付錢)。通常這樣的陳列與販售策略,拚數量,拚速度,價格也很經濟實惠。

❶ ❷

2. 小物輔助法

　　有聽到你我都熟悉的生活用品，靜靜地在旁邊發出
「其實我可以這樣用……」的訊號嗎？我們發現許多頭
家彷彿如「妙手回春小精靈」附身，總能神來一筆造出
小物神話。而且這些妙用並非沒有邏輯，好比防摔耐用
的鋼杯，亦能作為水果的展示底座（圖❶）。封箱膠帶
既可作為打包出貨使用，中空的設計讓商家常用來放圓
滾滾的蔬果（圖❷），南瓜、香瓜、哈密瓜、芭樂、釋
迦、鳳梨、大頭菜，樣樣皆可行。從此圓形果菜不再東
倒西歪，這些八竿子打不著的小物在此用得多理所當
然、合情合理。

　　不讓蔬果攤專美於前，板橋黃石市場一攤在地經營髮
飾帽子攤的老闆娘，將每天吃的燕麥片、奶粉鐵罐留下
來當作帽型的立體支撐。罐身可轉動，客人好挑選，還
可以輕鬆調整展示角度（圖❸）。老闆娘說：「買帽架
很貴，罐子不用錢。這方法用了二十幾年，就跟帽架的
意思『全款』啦！」

❸

3. 以假亂真陳列法

街市上有很多真假道具並陳的例子，假假真真，端看客人眼力與老闆心力。先不管陳列道具的真假，有一件事情一定「係金ㄟ」，那就是心意。為了讓貨品保持最佳狀態，總要考量林林總總的因素，顧新鮮、顧味道、顧品質，還要顧眼睛。

用綠色點綴，可以讓海產「看起來」更新鮮，因此頭家們常會以各式真假葉類作為陳列道具。魚缸水草（圖❶）、真姑婆芋（圖❷）、假荷葉、塑膠小白菜都有人用，選擇真葉襯托的頭家說：「少數攤商有時間上山自己採，多數是去漁貨批發市場選購。用真葉比較厚工，回來都還要清潔、做冷藏處理，三到五天就得換一次，但總覺得用真的葉子，自己看起來觀感就比較好啊！」

選用假葉代替的老闆則說：「卡方便，卡好洗啦！」應用上比較不受限制，還有各種類型的選擇，不論是使用綠色帆布、水草或塑膠葉菜，都能達到「永保新鮮」

③

的點綴效果。

　我們也常常在水果攤上問老闆「這是什麼葉子？」、「真的還假的？」，答案往往是「假的，又是真的」。擺在蘋果上的不是蘋果葉（圖③），擺在葡萄上不是葡萄葉，在哈蜜瓜上頭的是真哈密瓜葉（圖④），只是它是插上去的。

　這類「真葉假用」的裝飾葉，最常見的是以路邊「鵝掌葉」來當陪襯，而且真的都是新鮮現採的喔！說到底，老闆們花盡心思在真葉假葉中斡旋，其實都是為了顧全大局，增加賣相，帶給客人新鮮美味的好印象。

④

5

除了真假葉的學問，還有些蔬果產品放在外面容易被「玩」壞，或是肉品溫度不足會腐壞，為了降低耗損，店家往往會擺上擬真的「A級贗品」（圖❺）來陳列，若再加上垂吊法運用，就是一個逼真的活招牌，遠遠就可以一眼認出前面是個賣什麼的店。

❻

台灣現採、正貨拍攝的蔬果月曆也是陳列的得力助手，想不到吧！只要用得夠巧妙，就能達到真假難辨之境界。不用花大把鈔票，只要有牆面，蔬果月曆拿來貼平貼滿，搭配攤位上的蔬菜水果實物，以假亂真，遠看創造產地大豐收的夢幻景象，近看才發現，原來那是一張……高麗菜壁紙（圖❻）。

4. 超模展示法

　　櫥窗裡、馬路邊、店門口，總會出現隨時擺好pose，乖乖地把產品完美呈現出來的「super model」。這些敬業、全年無休的人型模特兒，是老闆們最好的合作夥伴。它們創造出百萬業績，也不會要求加薪，原本默默無名的nobody甚至能走進「國際市場」，跟日本襪子、義大利皮件平起平坐。

　　不過，要能完美駕馭商品，可得有些本事。除了最基本的穠纖合度，有特殊「專長」更是加分條件。可能三七步站得特別好、膚況零瑕疵、刻意強調局部屁屁（圖❶），或成為來者不拒的最佳模特（圖❷），總之，如果是紙片人，風一吹就落跑，可是不行的喔！

一目了然的追求
頭家、顧客都好找

　　要在街市眾多攤位中殺出一條血路，講重點，擺到位，讓客人一目了然，絕對是必要的陳列魔法。

　　試著濃縮重點吧！快速將種類、顏色、款式等有條有理地呈現出來，在最有限的空間裡，告訴客人賣什麼，不僅節省時間，還有機會增加成交量。而在果菜市場，多是同類型的商家，要怎麼擺出氣勢，每個頭家可都有自己的一番心思。

1. 分門別類法

分門別類法就像是幫客人劃重點，舉凡五金（圖 ❶）、乾貨（圖 ❷）、鮮果（圖 ❸）、零食（圖 ❹）、飾品（圖 ❺）都適合使用這種方法。依照材質、顏色、尺寸、價格劃分排列，只要用眼睛看都可以一目了然，若遇到語言不通的客人，比手畫腳也能心有靈犀一點通。

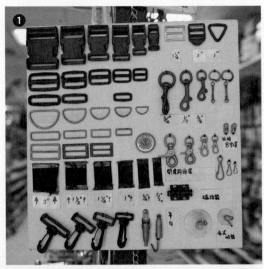

3

4

5

2. 數大便是美學

　　一整面「冬冬冬瓜牆」（圖❶）、「薑薑薑薑山」
（圖❷）、「橘橘橘橘橘子丘」（圖❸），光看就氣勢
凌人，因為是重點，所以要講很多遍，強調再強調，多
還要再更多。數量多，自然就美。仗著群聚的效果，相
對落單的消費者自然會產生從眾行為與歐巴桑心態，不

知不覺地走進去摸摸看、選選看。

　　再來，如何擺得清楚、擺得漂亮，讓客人看了滿意、看了深情，進而衝動馬上買，也是學問所在之處。尤其在果菜市場，同類型的商家聚集，如何在爭奇鬥豔中勝出很重要。運用顏色對比，像是青蔥、豌豆配上一點紅辣椒（圖❹），或是紅橙黃綠的水果漸層（圖❺），都可以看出老闆的用心良苦喔！

階梯分層有美感
轉個彎，就有新發現

「階梯分層」式的陳列是街市常見的方法，一晃眼、轉個彎就能遇見。雞鴨魚肉、蔬菜水果、鍋碗瓢盆、五金雜貨、鞋包衣飾、瓶瓶罐罐、植物花卉，反正不管你是柴米油鹽還是醬醋茶，通通都可以這樣擺。

而階梯的搭建，店家各有不同的「手路」，由小而大，由低到高，有的用現成物改造，有的花錢訂製，有的利用騎樓的階梯自平地疊起，有的從桌上加高、疊了再疊，甚至整間店都用階梯法構成也不是問題！還在想怎麼陳列嗎？創造出高低差就對了。

1

3

2

4

1. 自製高低差

　　一階、二階、三階、四階，創造高低差的方式有千種百款。花錢架舞台，打造階梯型的展示架是一種，但也不是花錢了事就好，還要依照販售商品來設計階梯間距，更需要考慮哪種材質耐操又好用，是用壓克力、白鐵，還是木頭外貼一層假草皮，眉眉角角都要動腦筋、憑經驗。

　　路過這間日用品店（圖❶），發現頭家巧妙地在店頭安排階梯架，大包裝、小瓶裝的洗潔劑前低後高排排站，就是要讓販售的各款商品好好地被看見，一個都不能少。

　　蔬果攤的品項多，就採用直達天庭的聳立排法（圖❷），階梯陳列架上再以各式小道具或蔬果相疊，創造梯中梯，遠遠地就能看到這奇景，能見度一百分。雖然老闆說每天都要花三小時排列，但對於銷售與美感來說，可都加了不少分。

　　植物花卉有的高，有的矮，先天符合階梯條件（圖❸），只要稍微整個隊，像要拍大合照這樣，矮的站前面，高的站後面，一起say cheese，就希望你把它們帶回家。

　　經典的還有「它」（圖❹），這一攤直接運用自家摩托車，再請出各式道具贊助協力，鐵製貨架、菜籃、L型格子網、塑膠大力夾、瓦楞紙箱，一起將高低差「生」出來，從坐墊到龍頭，有層次、有轉折，在一台摩托車上輕鬆營造階梯空間感。

2. 疊疊樂墊高法

　　沒有先天的階梯條件，善用手邊素材也是一種方法，攤主自備不鏽鋼盆（圖❶）、塑膠網籃（圖❷），一正一反相疊，輕易完成墊高的陳列。

　　包材再利用也很可取，什麼最多，就用什麼疊。身在鞋店，當然就拿鞋盒來用（圖❸），員工還不藏私和我們分享：「排列是有竅門的，大原則是庫存量低、數量比較少的放第一階，由此往上安排，隨時視現場情況調整。一座階梯要排很久耶！」

　　水果攤上的精心疊放也很有意思，直接讓產品踩著同伴合力呈現，鳳梨墊出米字形底座（圖❹），西瓜疊成金字塔形（圖❺）。請注意這種「肉身疊羅漢」技法，需注重平衡與造型，是階梯界的高門檻技術，可不是人人都可疊的喔！

4

5

快拆好收有道理
陳列桌的學問

　　做生意的布置起手式，有很多種方法。對於流動攤販來說，陳列不只是擺放，還要兼顧收納，一物多用、方便打包帶走是重點。運用隨手可得的紙板、貨箱、椅凳、帆布、篩籃，發展出的各式獨一無二的陳列桌，每張都有其巧思。　不過，自己的需求，自己最知道。出門擺攤前，想辦法井井有條地收束整理，才能在擺攤上下貨時完美變身喔！

1. 浪跡天涯型

　　臨時攤位算是攤位中的武行，需具備強大機動性，不僅要把握警察還沒出現前的魔幻時刻迅速陳列，也要練就一身快速撤場、瞬間移動的靈活功夫。

　　一塊塑膠布（圖❶）、一副X形架（圖❷），甚至一台機車（圖❸）都是「帶得走」的陳列桌，只要善用這些物件，一塊布也是百寶桌；紙箱、皮箱或行李箱也有機會一秒變身發財箱，輕鬆浪跡天涯。

　　而在不同地區巡迴擺攤，也是許多攤商的日常。此類攤商的自製陳列桌就得視環境來應變調整。先從手邊有的開始想辦法，一樣東西有兩種用法更好，例如能裝又能放的儲水桶，搭上分類儲物籃（圖❹），搖身一變成為街頭最亮眼的攤位。

2. 常駐演出型

　　定點式攤位或有腹地能向外延伸的店家，相較於其他攤商而言，是比較穩定的類型。它們的自製陳列桌多半能視實際空間量身訂作更穩固的擺放方式，桌面與桌腳可以找適合的高度，或是方便調整的組合，但根據營業時間，還是需要推出去、收回來，因此陳列桌仍要具備機動性。

　　桌腳用油桶（圖❶）或塑膠椅（圖❷），桌面選擇大面積木板或紙箱。收攤時，只要把貨物收好，陳列桌不必特別收拾，長期擺放也不擔心風吹雨淋。

三和

街市的文化

Part 3

圖文並茂，隨地生長

　　身為走在街上自由瀏覽的「閱讀者」，映入眼簾的是各式各樣的看板，那是攤商街販經年累月共同創造的「文化」，無論是招牌的命名、自製招牌的「手法」、字體的選用和描繪，到促銷內容的用字遣詞，在我們看來都呈現了街市最有趣的樣貌。

　　這些街頭上的「創作者」，有些擅長立體雕塑，用隨手可得的材料輕鬆做出立牌；有些彷彿學藝股長，喜歡剪剪貼貼、製作看板；還有些人是古物修復大師，在舊牌上盡力塗塗描描，再現完美狀態；除此之外，還有隱藏在民間的書法高手，隨筆一揮都是一手好字。

　　除了身體力行派，也有腦力激盪派的文字藝術師，老闆在江湖打滾久了，經年累月磨練的經驗值，堪稱是街市文案的大內高手，用最庶民的口吻大力推銷，開口閉口，金句連篇，只為了讓客人信服。

　　再仔細走逛，我們發現多數的店家會在結帳處或是出其不意的小角落放上一兩樣祈求萬事順利的開運小物。這些小物琳琅滿目、千奇百怪，玉雕、木刻、水晶、銅器、塑膠，各式材質無一不可，樸實無華也有，金光強強滾也有，看得我們眼花撩亂。畢竟不論你我或是街市

上的攤販，人人都希望開運化煞，招財進寶。

　　我們走在街市裡睜大眼睛，不僅是觀看擺攤道具與陳列手法，也發掘這些在角落的「魔法」。為它們的神來一筆開懷大笑，享受會心一笑的交流，甚至發揮自己畫錯重點的才能自娛，有時也會因為偶然發現其中哲理而心滿意足。

　　街市文化，就像一本立體書，有圖，有文，有聲音，有故事。集合許多人的心血、巧思與生活經驗，讓街市文化更值得「閱覽」與「走讀」。

脆皮
餐廳出品
香港風味

咱來做「招牌」
純手工，姿態萬千

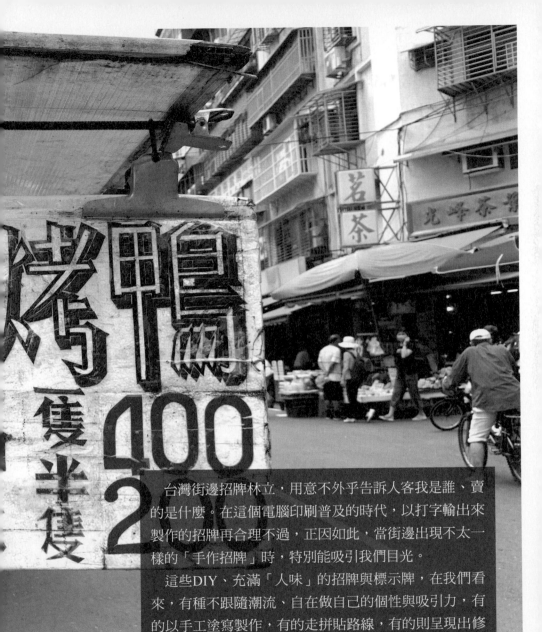

烤鴨
一隻 400
半隻 200

　　台灣街邊招牌林立，用意不外乎告訴人客我是誰、賣的是什麼。在這個電腦印刷普及的時代，以打字輸出來製作的招牌再合理不過，正因如此，當街邊出現不太一樣的「手作招牌」時，特別能吸引我們目光。

　　這些DIY、充滿「人味」的招牌與標示牌，在我們看來，有種不跟隨潮流、自在做自己的個性與吸引力，有的以手工塗寫製作，有的走拼貼路線，有的則呈現出修補塗改的生命故事，無論是何種風格，無一不用盡心思展現，每個都有自己的姿態。它們就像星光大道上的「特別嘉賓」，不常見，但總能帶來驚喜，增添看頭。

1. 直接手寫法

做招牌的第一招，賣什麼就直接寫出來，簡單明瞭（圖❶）。只要你會寫字，各式材質、內容都可發揮（圖❷）。自己寫的就是有自己的韻味。

在配鎖店門口，常會看到這樣「圖文有符」的造型招牌（圖❸），使用獨家造型底板搭配獨門的筆跡，就算在一片密密麻麻的招牌海中，還是相當顯眼，即便深度近視的民眾，也能輕易辨識出那裡有一間鎖店。

萬華果菜市場的「三峰肉莊」（圖❹），其手寫招牌

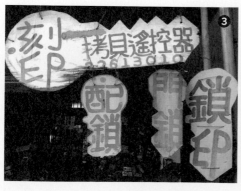

❷

不僅使用了書法字體，還選用象徵新鮮的紅肉色，呼應
販售的內容，再用鋸齒狀的外框線妝點，不僅從遠處就
能注意到，近看也充滿細節。如其下方的販售品項，沙
朗、菲力、豬小排、肉絲等改用獨家的「三峰明體」描
繪。從這個招牌的一筆一畫，都能看出老闆的用心，感
受到「活體」的溫度。

　進階版的「浮雕凹版腐蝕法」（圖❺）源自一場美麗
的意外。濱江市場周邊的海鮮攤老闆，使用粗頭麥克筆
將「年菜」兩字寫在盛裝海鮮的保麗龍盒蓋上，殊不知
竟產生腐蝕狀態，意外創造如浮雕般的特殊效果。

⑥

除了大大的店招，依著店主需求特製的「手寫牌」，有的真有兩把刷子。看看這間青草鋪招牌的「盡力楷體」（圖⑥），是美術系出身的老闆一筆一畫、認真描摹出來的，精準掌握了楷書的精髓。

赤峰街的早餐店一隅，白板上也以奇異筆塗塗描描寫出楷體風（圖⑦），橫、豎、勾、仰橫、撇、斜撇、

吐　司		吐　司		飲　料	
火腿蛋起司	45	花生起司	40	紅　茶（中）	
肉鬆蛋起司	45	巧克力起司	40	紅　茶（大）	20
		巧克力棉花糖	×	豆　漿	20
培根起司	45			鮮奶紅茶（中）	25
雞排起司	45	港式蘿蔔糕	30	鮮奶紅茶（大）	40
鮪魚起司	45				
養生堅果蔓越莓起司	45				
黑胡椒豬排起司	50	熱		雙層蛋餅	30
花生培根起司	60	壓		雙層全麥蛋餅	30
十　蛋起司	10	吐		玉米蛋餅	30
十　花生	15	司		培根蛋餅	35
				火腿蛋餅	30
				蔥抓餅	25
				電話	

⑦

⑧

152

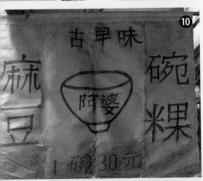

捺，是不是很生動、很有意思呢？

　　同樣使用奇異筆，在大稻埕永樂布市發現的袋子則寫出比圓體還粗勇的「手工超圓體」（圖❽），清楚又明瞭，雖然用久了顏色微脫落，但不影響閱讀，粗勇又耐操。若不是因為它掉漆，我們還以為真的是print上去的呢！

　　偶爾也會看到夾雜中英日文的招牌，這款美妝店鋪以筆劃等粗的黑體為基礎（圖❾），加上有個性的勾、斜撇、捺，成了帶點卡哇伊風的「Q版日系黑體」，藉由「小確幸」、日文「の」，還有一旁蝴蝶、葡萄彩圖剪貼的輔助，更增Q味。

　　在板橋黃石市場發現的「古早味麻豆碗粿」招牌（圖❿），以電腦字的明體為描摹對象，一筆一畫努力將明體橫筆右端的三角形描繪出來。也許是因為徒手繪寫的關係，字體比例看起來有點扁扁的，實在很古錐。這種拙拙又賣力的樣子，完全展現了純手工臨摹的精髓。

　　路過力行市場的這攤「日本火鍋料」（圖⓫），遠看招牌還以為是印製的，和電腦字的「新藝體」如出一轍，走近才發現有人為的痕跡。別懷疑，這真的是手寫字。在紅色的帆布打上方格，描上字體邊線，再慢慢塗上白色顏料即大功告成。

在街市上也滿常看到墨筆字的運用，最大特色是左粗右細、頭重腳輕，在這個原則下，再隨紙張大小或依個人特色發展出各自環肥燕瘦、彈性變化的字體。最有趣的是，這種墨筆字似乎是許多人的共同記憶，我們在三重果菜市場發現這一攤（圖⑫），老闆娘因為以前學美工廣告，各式POP、廣告體都難不倒她。看著街市上這些形形色色的墨筆字，也讓你想起過去練字的日子嗎？

除了國字的書寫，「數字」往往也有讓人印象深刻的記憶點。南勢角市場裡一家水果攤老闆，特別喜歡繪寫如傳統日曆的「古早味日曆體」（圖⑬），不論賣的是蘋果、香蕉或是芭樂，老闆總會為它們寫上這樣一塊板子，全部一起擺出來，相當有整體感。

無論是用心選擇合適的字體來描摹，或透過繪寫衍生出充滿手感的變體字，在我們看來，光是願意花時間與氣力「寫字」，就是一件浪漫的事。走逛街市，甜品攤（圖⑭）、美容院（圖⑮）、小吃店，甚至是賣填充氣體的氣體行（圖⑯），都有手寫招牌的範例。

不一定要久練苦熬成大師，只要安排好版面，抓好字距，即便過程失控歪拙也沒關係，直接手寫法的精髓就在於這不經意透露出的「人為痕跡」，人客便能感受到頭家親手寫下的一片心意。

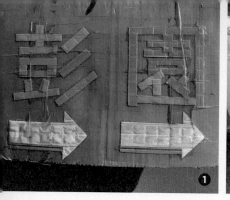

2. 貼字法

　　字不只可以用「寫」的，還能按照筆畫用「貼」的，像這塊清楚的指示牌，就是用塑膠瓦楞板加上現成的反光條（圖❶），多元媒材，剪剪貼貼，完美展現貼字法的靈魂。

　　萬華一間麵線攤則用閃亮亮的反光膠帶貼出大大招牌（圖❷），老闆說：「這樣貼出來，遠遠地就能吸引客人注意。不然做一塊同樣大小的帆布還要七百多塊，也不會亮亮的。」

　　五顏六色的電火布也很好用，不管是雙色襯底搭配（圖❸），或是用來分隔區塊（圖❸），依著個人喜好自由組合，層層黏貼，創造出各種不同的視覺效果。

3. 彩圖剪貼法

除了寫字或貼字，還能用圖片來「說話」。看看雙連市場周邊的海鮮攤，找來與品項相應的圖片（圖❶），讓人傻傻分不清的鮮蚵、蛤蜊、黃金蜆，老闆免解釋，人客一看就懂。

善用觀察力，發揮街頭學藝股長的精神，從廣告傳單（圖❷）、大圖海報（圖❸）、水果日曆（圖❹）蒐集合適的圖片，或從紙箱剪下強調產地與產品特色的文字（圖❺）。借力使力，也是傳遞訊息的好法子喔！

157

4. 修補塗改法

　　原有招牌用久了，有「落漆」的現象？或是隨著時間變化，販售資訊有所調整嗎？不要猶豫，拾起久違的畫筆，塗抹修補就行了。

　　少什麼就增加什麼，缺了什麼就補起來。看看這間車行打底覆蓋、重新塗寫（圖❶），省時間、省經費，更述說著時間積累的招牌故事。當然，價格微調也適用（圖❷），只要稍加修整，不用全部重來。凡走過必留下痕跡，讓客人發現降價，也是一種「小確幸」。

5. 重點吸睛招數

　　街市裡的手寫牌百百款，特別有趣的是老闆自創的各式吸睛招術。常見到的如畫愛心（圖❶）、變化顏色（圖❷）、用不同底色創造搶眼的區別（圖❸），簡單大方又效果十足。

　　沒有靈感嗎？直白地比個讚（圖❹），吸引客人看過來也是一招，只要添一點變化，就跟別人不一樣。街頭的行銷宣傳，你還能想到那些方法呢？

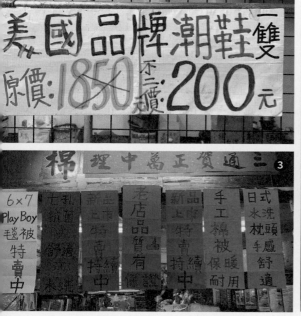

圖**5**「甘蔗吧」插上吸管,畫龍點睛。
圖**6**現撈的魚,就給他「畫上去」。
圖**7**描出立體字,是價格標牌的常見作法。
圖**8**加個花邊與小插圖,看起來更可口。
圖**9**簡筆速寫風也很有味道。
圖**10**畫得太好,鄰居都來要。
圖**11**記憶點強、讓人會心一笑的豬肉攤,老闆俏
　　　皮呼喚:「很可愛吧!豬肉要來找我買。」
圖**12**Q版的玉米公仔,有機的喔!

宜蘭土雞蛋
限量銷售中!!

10

11
黑肉

12
有機水果玉米
4支100元
保證甜

6. 高手在民間

　　讓我們印象深刻的手寫牌高手，莫過於製作「水果標籤椅」的劉阿伯。他將文采運用到自家產品，自己想台詞，在秋天盛產的蜜柚上寫下各式祝福語（圖❶），讓客人送禮更有意思。我們最喜歡的當然是那顆「我怕太太」，買來送老婆肯定很有「笑」果。

　　劉阿伯的手寫牌幾乎各種招數都用上了（圖❷），立體字、描邊框、彩圖剪貼，應有盡有。藍、紅、黑簽字筆與黃色螢光筆，是劉阿伯最常使用的媒材，如此渾然天成的「劉阿伯手寫體」，看得出劉阿伯溫柔、敦厚的個性。

郭哥哥的烤鴨攤不只有烤鴨，就連攤上的招牌們，都出自他手。他的創作以人工割字為特色（圖❸），寫下帶有自己風味的楷書、隸書或美術體，再一筆一畫割下，雖然費時費工，但郭哥哥說，「需要花時間沒錯，但如果要請別人做更不得了，花時間又花錢，而且自己寫得才有味道啊！」

從字體、字型、顏色變化、版面安排、圖樣繪製，還有假3D立體效果的運用，「這我原本不會的，但學就會了。」覺得自己滿天才的郭哥哥這樣告訴我們，繼續在小小攤位上展現著他的人生哲學（圖❹）。

有意思標語
常民的語彙，生活的語氣

如果你曾試過發想文案，就知道要「生」出一句有效又有笑的文案有多難。做生意不僅要出力氣，還要動頭腦，巧妙結合商品與時事脈動，創造有趣的標語來招攬顧客。日日與客人面對面，街市老闆們自然摸索出一套「有效的」溝通技巧，從店名、標語到產品文案都大有旨趣，看似簡單卻暗藏玄機，從生活中長出來，親切接地氣。這些身在江湖的文案高手們，面對的是最直接無修飾的生活情境，「操」的標語口號自然不會淪為無感的冰冷文字，而是化為我們心中最有意思的街頭風景。

1. 好記諧音店名

取名，是開店前重要的準備之一。像父母為自己孩子命名一樣，必須慎重、拿捏得宜，展現集思廣益的智慧結晶。命名學講求的不僅是情、意、志的匯聚，也是精、氣、神的展現，對頭家來說，一個好的店名，不僅要與販售商品有關，還得展現期待。要吸睛也吸金，確實不容易。

我們觀察到街市上有許多有趣店名，有些把意思藏在字句裡，好比賣鞋子叫做「佼腳者」（圖❶），有些運用各語言的諧音結合意義來命名，如金賀呷的日式料理「金鶴家」（圖❷）、古早味甜品「古薏人」（圖❸）。還有些招牌盡力展現幽默，例如賣雞肉即稱「台雞店」（圖❹），而希望賣得「蝦蝦叫」的熱炒店（圖❺）得要唸出聲音來，才能領略老闆的心思。

這些在街道上充滿巧思、形象鮮明、有記憶點又令人會心一笑的俏皮招牌，讓街市一角更顯活潑生動，老闆們用盡心思，為的就是讓客人多看一眼，進來挑挑看、選選看。

1

2

2. 直呼老闆店名

　　不論是日常生活的禮貌問候，或是左鄰右舍閒話家常，常常會出現「姓氏」加上「稱謂」的稱呼，我們在街上也發現了不少以此做為店名的店家，比如賣童裝的「香阿嬤」（圖❶）、賣米粉的「劉阿寄」（圖❷），讓人倍感親切。好玩的是還有師父（圖❸）、醫生等角色，更出現寵物類的狗爸爸、鵝媽媽（圖❹），把它們擺在一起，就像過年各方親戚會聚一堂的感覺，簡直可以多元成家了。

❸

❹

3. 蔬果形容詞

　　店名是吸睛的第一步，許多小攤販雖沒有店名，也有自己的吸睛法寶。尤其無名的蔬果攤常出現各式有趣的形容詞，甜、脆、美、新鮮、好吃等只是基本款，挪用廣告台詞如「係金ㄟ」（圖❶），或是很有「氣口」（台語強調語氣的意思）的用法，像是「妖壽好吃」（圖❷）、「足好吃」（圖❸）、「甜呷扣八」（圖❹）都能讓人感受到滿出來的誠意。

　　如果自家蔬果好處多多，多到數不完，也可以有條有

理羅列出各式特色及優點（圖），描述外觀、口感、功用、產地等等，把客人在意的面向，以及商品的優點通通列出來，一次報給人客知，不買說不過去。

　　還有一些老闆很會想，採用不比不相識的比較法「我比蜜甜」（圖❻），或時下流行語「怎麼這麼甜」（圖❼）、「敲侷甜」，甚至是不夠誇張怕你不懂的誇飾法，諸如「太甜了」、「世界甜」都是讓人會心一笑的變化，不過最後還是要告訴你誠實為上策——「我很醜，但是我很甜」（圖❽）啦！

4. 求生存文案

　　街市求生存，還是得使出一些殺手鐧，調配一些獨門祕方來招攬客人。其中「價格」最容易讓消費者「有感」，不論是強調CP值、薄利多銷、物超所值、裝到滿、買到賺到，或各式主打低價策略的「破盤價」（圖❶）、「批發價」（圖❷）、「收攤價」、「清倉價」，甚至索性來個折扣「下殺」、「狂降」，失心瘋地「大特價」等，都是街市上常出現的有趣拚價台詞。

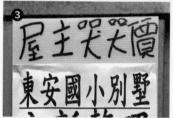

　　示弱裝可憐也是一招，舉凡「屋主哭哭」（圖❸）、「結束營業」（圖❹）、「賠錢出清」（圖❺），說明自家的折扣已經打到骨折、快吃土了，有講總是有機會。

　　若靠自己不夠力，就請出最佳代言人吧！像是「店長推薦」（圖❻）、「設計師款」、「女明星都用」所加持的商品，就是要你心動不如馬上行動。

　　畢竟攤商街販的專業是賣民生用品、賣大眾的基本需求，不用說大家聽不懂的話，用自己的說話style來發想行銷宣傳文案，有哏又親切。

1

2

3

5.「請勿」這麼做

在街市上可不是只有真善美，有些事也是會讓人生氣，一樣米養百樣人，「奧客」之多，被影響的頭家最知道。

寫著「請勿洗手」（圖❶）、「禁止偷換」（圖❷）、「拜託請勿停車（圖❸）」的各種標示牌，讓街市充滿真實感。或許是客氣提醒，或許是老闆被問煩了所以直接寫出來。重點是人家都寫出來了，就不要「白目」假裝沒看見，不要折（圖❹）、不要捏（圖❺），不然可是會傷了和氣喔！

4

5

求財招緣分
小日子裡的希望與祈求

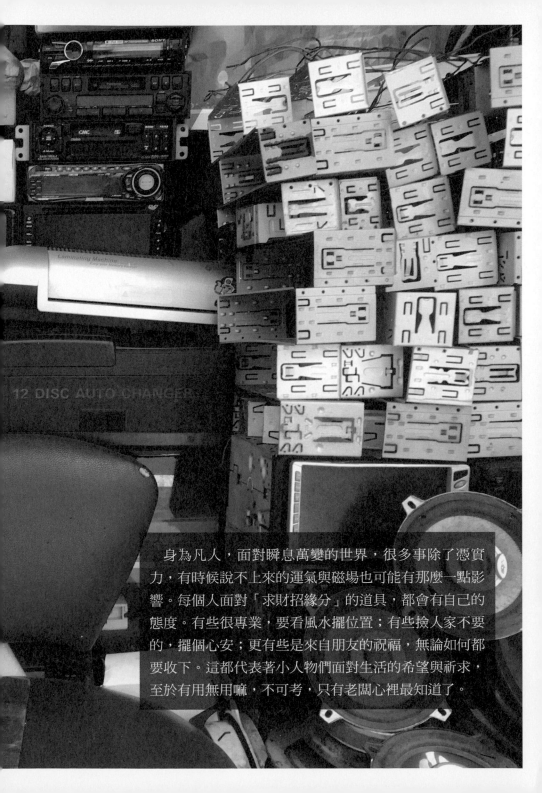

身為凡人，面對瞬息萬變的世界，很多事除了憑實力，有時候說不上來的運氣與磁場也可能有那麼一點影響。每個人面對「求財招緣分」的道具，都會有自己的態度。有些很專業，要看風水擺位置；有些撿人家不要的，擺個心安；更有些是來自朋友的祝福，無論如何都要收下。這都代表著小人物們面對生活的希望與祈求，至於有用無用嘛，不可考，只有老闆心裡最知道了。

1. 開運字聯

　　一年的開始，店家除了會準備開工、拜拜、發紅包外，也會貼上求好運、祈福的字詞，誠心地向宇宙許願。最有趣的莫過於漢字的「合文」，如「日日有見財」、「招財進寶」（圖❶），結合新年新希望與吉祥象徵，成為街頭一角含蓄而有意思的圖符。

　　想祈求新的一年「發呷凍未條」（圖❷），舉凡開市大吉（圖❸）、生意興隆（圖❹）、川流不息（圖❺）、財源滾滾等都是常見的語彙，而將開運字聯貼在最重要的位置，店門口、招牌旁邊，就像貼在額頭上，貼出對新的一年最好的盼望。

2. 招財貓咪

你有發現街上有各式各樣的「貓咪」嗎？這些招財貓出現在店頭的一小角，櫃檯上（圖❶）、櫥窗裡（圖❷）偶爾會發現到它們的身影。

而街上的招財貓款式、大小應有盡有，長得很像，卻又有哪裡不一樣，因為每隻招財貓都有自己的特色。有的陪伴主人長長久久（圖❸），有的是各式各樣擺在一起（圖❹）。細微的表情包含笑咪咪、大眼睛、全家福、華麗系、裝可愛等，端看主人喜歡哪種style。

❺ ❻

　　招財貓舉起的手不一樣，祈求的東西也不同。舉右手
招「財」來（圖❺），舉左手招「人」來（圖❻），手
舉高招來遠方的好運（圖❼），不同顏色也有不同寓意
（圖❽），更有店家就當成可愛的擺飾之一（圖❾）。
只要你走上街，隨時都能輕易捕獲正在撩客的貓咪，實
用度、療癒度、娛樂度一百分，各個都敬業地扮演著祈
求好運常在的角色。

3. 神佛靈獸

　　如果不喜歡日本味的招財貓，也可以換一味，誠心請出各式神佛靈獸，擺上各式象徵好運旺旺來的寶物，讓不同路的法寶多元並存（圖❶），法力更加乘。

　　這系列的輔助道具種類繁多（圖❷），叮叮咚咚的玉石、紙鈔、錢母、金元寶、聚寶盆、聚寶袋都是常配款，而水晶球、水晶柱、水晶洞、水盆、招財樹等各式擺件也相當常見。

　　求財的財神、求加官進祿的土地公、招財聚財兼鎮宅避邪的三腳金蟾、都是常見的開運神佛靈獸（圖❸），還有和氣生財的歡喜彌勒佛、送窮的濟公、會生金蛋的金雞母、守財神獸貔貅等，也是聚財聚氣的選擇。有時在商家門口還會看到大尊的充氣款財神爺（圖❹），頗有兼具吉祥物的意味。總之不論是什麼，想要招福擋煞，還是要自己去了解眉眉角角最實在。

在這個便利的時代

在這個便利的時代，滑滑手機、輕點螢幕，往往就能得到想要的物質商品。但為什麼還是覺得哪裡空空的？少了一點什麼？

身處這個時代雖然便利，但生活沒有變得更容易。走完一圈街市，感知多數人的生活情節並非滿路荊棘，但也不是一帆風順，各行各業都有別人想像不到的難處，有些人勞心，有些人勞力。而不管日子再苦，不管年紀多大，還能夠珍惜情、愛惜物，永遠保留著一顆「製造浪漫」的心，是影響我們最多，感受最深刻的事。

街市裡的浪漫，不是送你999朵玫瑰花或巧克力，也不是輕輕柔柔地談情說愛，更不是刻意擺拍出來的華美情境。我們看見的浪漫是——豬肉攤的阿公阿嬤，把孫女畫的小豬全家福，貼在攤位最明顯的牆壁上；水果攤的夫妻檔，老公不善言辭，老婆拚命幫他補充說明的情意；一個媽媽從年輕時開始包著水餃，包到變阿嬤，依舊看顧著店、顧著兒子的愛意；為了陪伴兒子成長，選

擇回歸穩定生活的爸爸；一起打拚，將人生下半場奉獻
給植物的老伴……這些人，都是我們眼中愛的泡泡。

走到街上「有意識地看」，看到了不同的人生與回應，
有時是羨慕，有時是心境對照，有時是提醒，試著將在
街市上看見的這些記錄下來，某種程度上，似乎也成了
一種動力交換、一種生活示範，我們沒有因為這個計畫
就變得多不平凡，但至少，現在的生活對我們而言充滿
期待，也愈來愈能發現生活好玩的地方。想著走在路上
會遇見什麼有趣的巧思，會留下什麼值得回味的故事。
看著每個人如何想辦法去活，去感受，去創造，從中領
略日復一日平凡生活裡的不同滋味，帶著小人物用心
意，用創意，用自己的方式，想辦法解決問題的精神繼
續生活。

用說的，用寫的，遠遠比不上親身經歷。有空時，走一
趟街市吧！或許身在便利時代的我們，更需要的是花點
力氣、花點時間去感受，繞點路也無妨。走進這些與我

們相關、提供我們養分的街市，從中發現值得停駐的角落，再慢慢長出自己理想的生活樣貌。

這本《街仔路採集誌》記錄的是我們的浪漫、我們對生活的心意，以及小人物們用心踏實過日子的故事。謝謝街仔路上協助我們的人們，謝謝你們陪我們這兩位怪怪的女子抬槓，大方、無私地分享想法與生命故事，讓我們感受堅韌、溫暖、充滿彈性的生命力，你們是我們心中最美的風景。

也謝謝一路支持我們的家人朋友、慢慢說的隱形成員Yi&Mai，以及上萱前上司Gary的牽線，讓我們有機會與遠流出版公司認識。過程中感謝小米、遠流出版一部團隊的協助，我們才有機會在2020年繼續浪漫，發現更多故事，更完整呈現這兩年來我們在街市上的觀察。讓還躺在資料夾中那些有趣的蒐集與故事有機會以紙本的方式留存，與大家分享。

最後，謹以此書獻給在無用的生活中用力活著的平凡小人物，敬我們的無用、我們的用力、我們的浪漫。

祝你心想事成、發呷凍未條、好運旺旺來：)

街仔路採集誌

無用之用再發現！看見台式加減美學

圖・文＼孫于甯、劉上萱

責任編輯＼陳嬿守
主　　編＼林孜勲
內頁設計＼郭倖惠
封面設計＼木木lin
行銷企劃＼鍾曼靈
出版一部總編輯暨總監＼王明雪

發行人＼王榮文
出版發行＼遠流出版事業股份有限公司
　　　　　100台北市南昌路二段81號6樓
電話 (02)2392-6899　傳真 (02)2392-6658　郵撥 0189456-1
著作權顧問＼蕭雄淋律師
2020年8月1日　初版一刷

遠流博識網 http://www.ylib.com　E-mail: ylib@ylib.com
遠流粉絲團 https://www.facebook.com/ylibfans

國家圖書館出版品預行編目(CIP)資料

街仔路採集誌：無用之用再發現！看見台式加減美學
／孫于甯, 劉上萱 圖.文. -- 初版. – 臺北市：遠流, 2020.08
　　面；　公分
　　ISBN 978-957-32-8838-1(平裝)

　　1.生活美學 2.臺灣

180　　　　　　　　　　　　　　　　　　109009661